e Psicomotor

Leandro Castro

# BALANCE PSICOMOTOR

Exploración del Desarrollo Infantil

Título: Balance Psicomotor. Exploración del Desarrollo Infantil.

Autor: Leandro J. Castro Gómez

Fotografía: Leandro Castro y Loreto Ramos

ISBN: 9798858516132

Independently published

A mi hija Marta por colaborar con entusiasmo en
las exploraciones y posar con paciencia
para las fotografías de este libro

incipientes estudios del Dr. Guillermo Izquierdo Ayuso sobre Esclerosis Múltiple. Pasar sala cada día en la séptima planta del hospital universitario y cada semana en las consultas externas del policlínico, con estos grandes profesionales, me proporcionó una formación que, hasta el día de hoy, resulta esencial para mi ejercicio profesional.

Un especial interés despiertan en mí los pacientes con cefaleas y la asociación que, con frecuencia, tienen con la neurosis depresiva. Al terminar la licenciatura, sin dejar la colaboración con el servicio de Neurología, empiezo la formación para la obtención del título de Diplomado en Psicoterapia Dinámica, en el servicio de la Unidad de Día del hospital Universitario Virgen Macarena, dirigida por el profesor D. Francisco Ortega Beviá y dependiente de la Cátedra de Psiquiatría, del Profesor D. José Giner Ubago, de la Facultad de Medicina de la Universidad de Sevilla. Durante dos años realicé los estudios tutorizado por el profesor Ortega Beviá quien me designó para llevar el Grupo de Terapia de Reflexión, para el tratamiento no directivo de pacientes con neurosis depresiva, además de una terapia individual de apoyo a un paciente con neurosis depresiva.

En esa época abrí una consulta de psicoterapia dinámica, la que entonces consideraba mi vocación, pero animado por mi tío D. Julián Muñoz Castro, profesor de la Escuela Nacional de Puericultura de Sevilla del Ministerio de Sanidad, que

# PRÓLOGO

Fruto de cuarenta años de ejercicio profesional nace este libro, que llevo madurando hace más de veinte, y en el que me reencuentro con mis antiguos profesores. A ellos les debo toda mi gratitud por la generosidad que han tenido por compartir su saber y por la inestimable huella que han dejado en mí, sin duda, la mejor garantía que puedo ofrecer como aval de este Balance Psicomotor sobre la exploración del desarrollo infantil.

Los tres últimos años de carrera, en la Facultad de Medicina de la Universidad de Sevilla, fueron esenciales para mi formación al entrar como alumno Interno del Servicio de Neurología del Hospital Universitario Virgen Macarena, dirigido en aquel tiempo por el profesor D. Carlos Martínez Parra y dependiente de la Cátedra de Neuroanatomía, del profesor D. Juan Jiménez Castellano, y de la Cátedra de Medicina Interna, del profesor D. Antonio Aznar Reig. Durante este periodo y los dos años siguiente, ya como médico, tuve la suerte de colaborar en la tesis del Dr. Carlos Martínez Parra sobre Afasia, en la tesis del Dr. Manuel González Torres sobre la Batería 144 para la Memoria y en los

# INDICE

| | |
|---|---|
| Prólogo a mis profesores | 7 |
| Introducción al Balance Psicomotor | 13 |
| I. Anamnesis | 19 |
| II. Examen de las Funciones Mentales Superiores | 25 |
| III. Examen de las Actividades Neuromotoras | 27 |
|     Exploración del Tono Muscular | 41 |
|     Exploración del Equilibrio | 58 |
|     Exploración de la Coordinación | 70 |
| IV. Examen de las Actividades Perceptivomotoras | 75 |
|     Exploración de la Dominancia Lateral | 90 |
|     Exploración de la Organización Espacial | 108 |
|     Exploración de la Percepción Temporal | 118 |
|     Exploración de la Imagen Corporal | 125 |
|     Exploración Sensorial | 134 |
| V. Examen de las Actividades Práxicas | 143 |
|     Exploración de las Praxias Globales | 150 |
|     Exploración de las Praxias Manipulativas | 158 |
|     Exploración de las Praxias Respiratorias | 167 |
|     Exploración de las Praxias Bucofaciales | 172 |
| VI. Examen de los Pares Craneales | 177 |
| VII. Estudio de Casos y Programaciones | 191 |
|     Trastorno Psicomotor Grave | 193 |
|     Síndrome de Torpeza Motora | 212 |
|     Lateralidad Contrariada | 226 |
|     Trastorno Psicomotor Leve | 246 |
|     Ataxia Cerebelosa | 277 |

dirigía el profesor D. Antonio Ramos Fuentes, empiezo los estudios para la obtención del título de Medico Puericultor. De los profesores que tuve en la escuela me dejó una huella decisiva el Dr. D. Manuel Nieto Barrera, insigne neuropediatra de reconocido prestigio internacional, quién posteriormente fue director de mi tesis doctoral.

Mi interés por la neurología, la psicoterapia, la puericultura y la neuropediatría me lleva a empezar la formación en la Cátedra de Psiquiatría Infantil, del Profesor D. Jaime Rodríguez Sacristán, de la Facultad de Medicina de la Universidad de Sevilla, en los dos cursos de Estimulación Precoz, uno de Iniciación y otro de Profundización, precursor de la actual Atención Temprana. Tuve la suerte de recibir clases del profesor Rodríguez Sacristán, hacer las prácticas con el profesor D. Jesús Pérez Ríos y compartir formación con las profesoras Dª Rafaela Caballero Andaluz y Dª Mª Dolores Mojarro Práxedes, reconocidas expertas, la primera, en TEA (Trastornos del Espectro Autista) y, la segunda, en TDAH (Trastorno por Déficit de Atención con Hiperactividad).

La formación de postgrado recibida durante estos dos años me permite entrar como médico en los Equipos de Atención Temprana de la Consejería de Educación de la Junta de Andalucía, al amparo de la Ley de Integración Social del Minusválido. Mi primer destino fue el colegio Jesús del Gran Poder del hospital de San Juan de Díos de Nervión (Sevilla), uno de los colegios de integración más antiguos del país. La tradición de la Orden de San Juan de Dios en traumatología obligaba a los niños y niñas allí operados a pasar largos periodos de hospitalización motivo por el que se crea el colegio con alumnado con y sin discapacidad.

El elevado número de alumnos y alumnas con discapacidad motora y con trastornos psicomotores me lleva a empezar los estudios para la obtención del Diploma de Estado Francés en Reeducación Psicomotriz en el Instituto Superior Europeo de Reeducación Psicomotriz y Relajación Psicosomática (ISRP) de París. En los tres años que duró la formación, veinte fines de semana en Madrid y un verano en París, las prácticas las hice en el colegio del hospital de San Juan de Díos y la formación teórica la recibí del mejor profesorado de cada especialidad. Dª Giselle Soubiran, directora del ISRP y estrecha colaboradora del insigne neuropsiquiatra D. Julián de Ajuriaguera, profesora de Relajación Psicosomática, D. Vitor da Fonseca de Observación Psicomotora, D. David Feldman de Trastornos de la Atención, D. Franco Boscaini de Alteraciones de la Lateralidad, D. Juan Antonio García Núñez de Grafomotricidad, D. Félix Fernández Vidal de Procesos Rítmicos, Dª Tina Tomás Biosca de Expresión Corporal y D. Alfonso Lázaro Lázaro de Juegos Psicomotores.

Con los conocimientos adquiridos y la experiencia profesional acumulada empiezo los estudios para obtener la suficiencia investigadora en la Cátedra de Pediatría de la Universidad de Sevilla, del profesor D. José Gonzáles Hachero, y tengo como tutor de prácticas a mi querido profesor D. Ignacio Gómez de Terreros, con quién empiezo una larga colaboración en la Fundación Gota de Leche y en la Real Academia de Medicina de Sevilla. Durante los cinco años que dediqué a realizar la tesis doctoral, titulada Estudio sobre el desarrollo psicomotor y el aprendizaje, tuve el privilegio de contar con el sabio asesoramiento de mi admirado director de tesis D. Manuel Nieto Barrera. Pocos años después, me sirve esta formación, como continuación de la mía, para codirigir, en la Universidad de Córdoba, la tesis doctoral de Dª Rosario Gutiérrez Carmona, titulada Estudio sobre el desarrollo del lenguaje oral y la construcción del esquema corporal.

Desde el principio del ejercicio profesional como médico de los equipos de apoyo de la Consejería de Educación de la Junta de Andalucía (EAT, EATAI, EAF y EOE) he podido compatibilizar el trabajo con el de profesor de la Fundación Instituto de Ciencias del Hombre (ICH), en los ámbitos de neurofisiología, psicomotricidad y discapacidad motora en el Master de Logopedia y en los Títulos de Experto en Atención Temprana, en Pedagogía Terapéutica y en Psicomotricidad. Par el material de este último, del que también soy director, empecé a elaborar el Balance Psicomotor como resultado de la experiencia y la formación en la discapacidad motora y en los trastornos del desarrollo y psicomotor.

Aunque devolver todo lo que he recibido de tan ilustres profesores se me antoja una tarea difícil de realizar, me queda la satisfacción de haber utilizado sus enseñanzas en la atención que he prestado a los niños y a las niñas que he tratado y transmitido muchos de sus conocimientos a los profesionales de distintos ámbitos sanitario y educativos, que he participado en su formación. Espero que este libro, sobre el Balance Psicomotor y la exploración del desarrollo infantil, sirva para el reconocimiento que mis profesores y mis profesoras merecen.

EL AUTOR

# INTRODUCCIÓN AL BALANCE PSICOMOTOR

El Balance Psicomotor es el punto de partida imprescindible para elaborar un programa para la estimulación del desarrollo psicomotor ya que, con una valoración sistemática de las distintas áreas, en un tiempo razonable, podemos conocer el nivel de desarrollo del niño o la niña y detectar una posible desviación del mismo, en cuyo caso habría que hacer una valoración específica. La metodología es fácil de entender y el libro sencillo de consultar por tratarse de un atlas visual de todas las pruebas que conforman el Balance Psicomotor, con la descripción a pie de foto y alineadas, de izquierda a derecha, para percibir mejor la secuencia de los movimientos. Para evitar en lo posible la reacción de prestancia, o la inseguridad que provoca la mirada del examinador, la exploración de las distintas áreas del desarrollo se deben de plantear como si se tratase de un juego en el que, el niño o la niña, tiene que realizar las pruebas lo mejor posible pero sin la responsabilidad de estar siendo examinado.

La jerarquía evolutiva sitúa la maduración motora en el primer escalón del desarrollo psicomotor. No quiere esto decir que el movimiento sea el único factor determinante del desarrollo, ni que el Balance Psicomotor se ocupe exclusiva o preferentemente de este aspecto. Significa que con el movimiento el niño entra en contacto con el mundo y, ese intercambio, determina el desarrollo físico, intelectual y emocional. La evolución del ser humano ha ido desde la motricidad, que es común a cualquier vertebrado, hasta la psicomotricidad, que es exclusivamente humana, donde el movimiento va más allá de la función puramente motora.

Para A.R.Lúria, en la organización del cerebro humano podemos destacar tres bloques funcionales que actúan de manera conjunta en los procesos psíquicos. Estos tres bloques funcionales tienen una correspondencia con las distintas áreas del desarrollo psicomotor, que son las que vamos a valorar para la elaboración del Balance Psicomotor. Las del primer bloque son aspectos motores fundamentales que se automatizan, para liberar la atención de esas tareas básicas y poderla centrar en procesos psicológicos superiores. Por ejemplo, cuando alguien está aprendiendo a montar en bicicleta toda la atención se centra en su manejo para no caer, mientras que cuando se automatiza la conducción puede circular pensando en otra cosa.

Las áreas del desarrollo del segundo bloque se encarga de los aspectos perceptivos y de cómo el niño o la niña se percibe a sí mismo y percibe el mundo que le rodea. El tercer bloque funcional de Lúria es el encargado de planificar las acciones para actuar y conseguir un resultado concreto.

El primer bloque, que es el más antiguo, es responsable de las funciones primarias y cuyo funcionamiento óptimo es necesario para el funcionamiento de los otros dos bloques ya que, como hemos anticipado, regula la atención. A nivel anatómico está formado por las estructuras profundas del cerebro, tronco cerebral y estructuras subcorticales, y a nivel funcional es el encargado de mantener el estado de vigilia y atención necesario para la integración de los procesos psíquicos. Este primer bloque funcional es el encargado de regular la **Organización Neuromotora** y la automatización de las actividades motrices de base, Tono Muscular, Equilibrio y Coordinación, donde se incluye locomoción y coordinación óculomanual.

El segundo bloque es responsable de la percepción, para lo que necesita un adecuado nivel de atención. A nivel anatómico su funcionamiento depende de las estructuras medio-posteriores de la corteza cerebral y a nivel funcional es el encargado de recibir, elaborar y almacenar la información que procede de los sentidos, tanto del interior como del exterior de nuestro cuerpo. Este segundo bloque funcional es el encargado de regular la **Organización Percetivomotora** que incluye Lateralidad, Estructuración Espacial, Percepción Temporal, Imagen Corporal y Educación Sensorial.

El tercer bloque es responsable de la planificación de movimientos y de la elaboración de planes futuros. A nivel anatómico su funcionamiento depende de las estructuras medio-anteriores de la corteza cerebral y tiene la función de programar, controlar y regular la actividad, ya sea esta motora o simbólica. Este tercer bloque es el encargado de la **Organización Práxica**, planificación de movimientos dirigidos a un fin, son las Praxias Globales, Praxias Manipulativas, Praxias Respiratorias y Praxias Bucofaciales y Fonatorias.

En el desarrollo neurológico cada bloque funcional está en relación con los otros y en el desarrollo psicomotor cada aspecto con los demás para conformar un sistema complejo de atención, acción, percepción, programación y representación. La relación entre los tres bloques funcionales y las áreas de exploración del desarrollo psicomotor son:

Actividades NEUROMOTRICES (Bloque I de Lúria)
- Valoración del Tono Muscular
- Valoración del Equilibrio
- Valoración de la Coordinación de Movimientos

Actividades PERCEPTIVOMOTRICES (Bloque II de Lúria)
- Valoración de la Lateralidad
- Valoración de la Organización Espacial
- Valoración de la Percepción Temporal
- Valoración de la Imagen Corporal
- Valoración de la Integración Sensorial

Actividades PRAXICAS (Bloque III de Lúria)
- Valoración de las Praxias Globales
- Valoración de las Praxias Manipulativas
- Valoración de las Praxias Respiratorias
- Valoración de las Praxias Bucofaciales y Fonatorias

Muchos autores dividen las actividades práxicas en sólo dos: Praxias Globales y Praxias Finas, las primeras referidas a movimientos globales y las segundas a movimientos segmentarios manipulativos y bucofonatorios. La respiración no se suele incluir en las actividades práxicas por ser un proceso, esencialmente, automático pero cuando el control respiratorio está supeditado al lenguaje oral, al canto o a la interpretación musical con un instrumento de viento, la respiración es una auténtica praxia.

La exploración de los nervios craneales es complementaria al balance psicomotor ya que son los encargados de llevar los impulsos motores eferentes (del interior al exterior), que llegan de la corteza cerebral motora, desde el tronco cerebral hasta la musculatura de la cabeza, la cara y el cuello y los impulsos sensitivos aferentes (del exterior al interior) que llevan la información desde la cabeza, la cara y el cuello hasta el tronco cerebral y desde ahí a la corteza cerebral sensitiva. Doce pares de nervios craneales, cada uno para la mitad de la cabeza y el cuello, son responsables de la sensorialidad, sensibilidad y motricidad de cara, cuello y hombros, del control de la motricidad fonatoria y de lengua, de labios, de mandíbula y de cara, responsable de la articulación del lenguaje.

La exploración de los nervios craneales puede ser de utilidad para detectar la alteración de alguno de ellos y para detectar una posible disfunción del tronco cerebral. Unido a la exploración neuromotora permite tener un visión general del comportamiento motor y con el resto de las áreas del desarrollo psicomotor.

Examen de los NERVIOS CRANEALES (Tronco Cerebral)

I. Nervio Olfatorio para la sensibilidad olfatoria y gustativa.

II. Nervio Óptico para la información sensorial de la retina.

III. Nervio Motor Ocular Común motor para ojos y párpados.

IV. Nervio Patético, motricidad de los ojos y párpados.

V. Nervio Trigémino sensitivo/motor maxilar, nasal, lagrimal.

VI. Nervio Motor Ocular Externo motricidad de los ojos.

VII. Nervio Facial, sensitivo/motor de frente, cara, boca y oído.

VIII. Nervio Cocleo-Vestibular para la audición y el equilibrio.

IX. Nervio Glosofaríngeo sensitivo/motor de faringe y boca.

X. Nervio Neumogástrico sensitivo/motor de faringe y paladar.

XI. Nervio Espinal motricidad del cuello y de los hombros.

XII. Nervio Hipogloso motricidad de lengua.

# I. ANAMNESIS

La anamnesis o interrogatorio es un aspecto crucial del balance psicomotor que reúne los datos personales y familiares, anteriores a la valoración, la mayoría de los cuales se obtienen en la entrevista familiar. Además de recoger los antecedentes patológicos personales, también familiares, que sean relevantes, es importante reflejar otros datos de interés como las personas de su entorno, además de los padres y hermanos, si tiene, abuelos, tíos, primos o amigos. Del análisis de la dinámica familiar se pueden deducir aspectos como el reparto de roles, una posible sobreprotección, detectar unas elevadas expectativas paternas o, por el contrario, la poca confianza en sus posibilidades.

Otros aspectos a tener en cuenta anamnesis son como fue el embarazo, el nacimiento, como duerme, como fue la lactancia, tipo de alimentación, comunicación, aparición del lenguaje, control de cuello y tronco, cuando inició la sedestación y la marcha, cuando logró el control de esfínteres, tanto diurno como nocturno, primera escolarización y cualquier otra circunstancia relevante que pueda haber influido en su desarrollo. Si la familia conoce el test de Apgar, que valora la vitalidad del recién nacido, nos puede ayudar a descartar o considerar un posible sufrimiento fetal durante el parto.

1. **Datos de filiación**: Nombre y apellidos, sexo, fecha y lugar de nacimiento, fecha y lugar de valoración, domicilio, teléfono, colegio, curso, aficiones y actividades extraescolares.

2. **Motivo de la valoración**: Cuál es la causa por la que se realiza el balance psicomotor. Salvo que se disponga de un diagnóstico de partida, este epígrafe intenta recoger las tres cuestiones del interrogatorio clásico:

- ¿Qué le pasa?
- ¿Desde cuándo?
- ¿A qué lo atribuye?

Entre las múltiples causas que llevan a padres y educadores a solicitar un balance psicomotor destacan: deficiente control de la coordinación de movimientos, problemas de escritura, trastorno de la lateralidad, deficiente desarrollo del lenguaje, déficit sensorial, trastornos en la adquisición de aprendizajes, alteraciones conductual y falta de confianza en sí mismo.

3. **Historia familiar**: Es importante buscar antecedentes patológicos familiares que nos puedan ayudar a llegar al diagnóstico. Además del árbol genealógico otros datos de interés son la profesión de los padres, el número de hermanos y la edad, el lugar que ocupa entre ellos, las

relaciones con otros familiares cercanos, las características del domicilio familiar, si tiene habitación propia y si se implica en las tareas domésticas. Si en la familia consanguínea hay o ha habido zurdos o *ambidiestros* algo importante para valorar la lateralidad y el proceso de lateralización.

4. **Historia personal**: Hay que consignar en la anamnesis los antecedentes patológicos de interés, si ha recibido algún tratamiento farmacológico, estimulación precoz, fisioterapia, psicomotricidad, logopedia, tratamiento educativo o terapia conductual. Hay además que recoger posibles problemas en el embarazo, características del parto, estatura y peso al nacer, perímetro cefálico, puntuación en el test de Apgar (valoración del tono muscular, la coloración de la piel, la función cardiaca, la respiración y la respuesta a estímulos del recién nacido), desarrollo psicomotor, desaparición de los reflejos arcaicos, control de la cabeza, del tronco, de la sedestación, de la bipedestación, inicio de la marcha y del lenguaje, control de esfínteres, hábitos alimenticios, horario de sueño, autonomía personal y actividades que prefiere hacer.

5. **Historia escolar**: Hacer un recorrido desde el inicio de la escolarización hasta el centro educativo actual. En qué curso está, quién es su tutor o tutora, si tiene o a tenido refuerzo educativo o necesidad específica de apoyo educativo en pedagogía terapéutica y/o en audición y lenguaje,.

Colegios en los que ha estado en las distintas etapas educativas, informes académicos, educativos, rendimiento en el aula, relación con los compañeros, estilo de aprendizaje y, si los tiene, nivel de competencia curricular, informe de evaluación psicopedagógica, dictamen de escolarización y adaptaciones curriculares.

## II. EXAMEN DE LAS FUNCIONES MENTALES SUPERIORES

Para el examen de las funciones mentales superiores, si no tenemos un estudio previo, una observación sistemática del comportamiento que tiene el niño/a mientras realizamos el balance psicomotor y un interrogatorio sobre la información personal y social es necesaria. Sin necesidad de una valoración específica, la observación sistemática nos puede aportar mucha información. Que capacidad tiene de centrar la atención, si se dispersa con frecuencia, si es necesario atraer continuamente su atención, si se cansa con facilidad o si se precipita al hacer las actividades.

Para conocer si tiene una buena orientación espaciotemporal pueden servir algunas preguntas sencillas como quién es, dónde está, cómo se llama su profesora o quién soy yo. La intención comunicativa es otro de los aspectos a tener en cuenta, así como la expresión oral y la comprensión de órdenes sencillas. Para conformarnos una opinión sobre la confianza que tiene en sí mismo, relacionado íntimamente con la construcción del esquema corporal y la imagen del propio cuerpo, nos puede ayudar observar si es extrovertida o introvertida, si hace las actividades propuestas, si se niega cuando se frustra o si se frustra con facilidad, si busca su aprobación cada vez que realiza alguna prueba o si le es indiferente nuestra opinión, si es alegre o taciturno.

1. **Impresión.** Es muy importante la impresión que nos causa la niña mientras hacemos la valoración:
- ¿Qué actitud tiene?
- ¿Es colaboradora?
- ¿Está motivada?
- ¿Desea superarse?
- ¿Se cansa pronto o no?

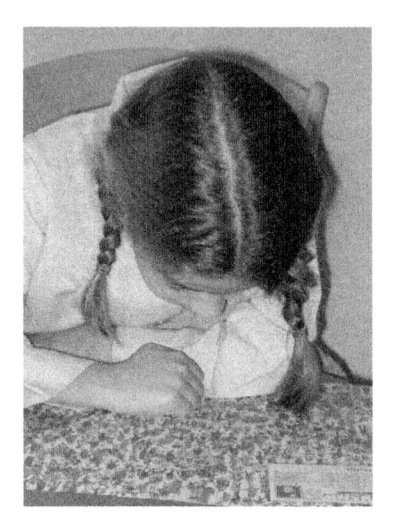

2. **Atención.** Para tener una idea inicial sobre la atención selectiva o sostenida, se puede observar durante la valoración distintos aspectos y situaciones:
- ¿Tiene buena capacidad para centrar o se dispersa?
- ¿Presta atención a lo que decimos o se distrae?
- ¿Se cansa pronto de la misma actividad o persevera?
- ¿Se distrae con facilidad o mantiene la atención?
- ¿Es capaz de disociar dos estímulos simultáneos o no?
- ¿Optimiza sus recursos cuando realiza las pruebas?

3. **Orientación**. Es de suma importancia saber si es consciente de sus referencias espaciales y temporales, para lo que nos puede ayudar un sencillo interrogatorio:
- ¿Quién eres?
- ¿Dónde estamos?
- ¿Quién te ha traído?
- ¿En qué ciudad vives?
- ¿Cuál es tu colegio?
- ¿Cómo se llama tu maestra?
- ¿Qué día de la semana es?
- ¿Qué día del mes?
- ¿En qué mes estamos?
- ¿De qué año?

4. **Comunicación**. En este epígrafe nos interesa conocer la intención comunicativa, el lenguaje comprensivo, el lenguaje expresivo y el uso del lenguaje que hace la niña:
- ¿Hace un uso correcto del lenguaje oral?
- ¿Comprende las instrucciones que le damos?
- ¿Pido que repitamos la pregunta?
- ¿Se expresa correctamente?
- ¿El lenguaje es muy infantil?
- ¿Articula bien todos los fonemas?
- ¿Es capaz de mantener una conversación?
- ¿Los contenidos son acordes a su edad?

5. **Emoción**. En la valoración del estado emocional, que está muy relacionado con la imagen corporal, hay que observar:

- ¿Es introvertida o extrovertida?
- ¿Parece nerviosa o tranquila?
- ¿Parece seria o desenfadada?
- ¿Se muestra segura o insegura?
- ¿Se frustra fácilmente o es perseverante?
- ¿Colabora o se niega a hacer las pruebas?
- ¿Las afronta con decisión o con desconfianza?

6. Otros aspectos del desarrollo que debemos tener en cuenta, pero que precisan una valoración específica, son la memoria, la inteligencia y la percepción.

Para valorar la **inteligencia** se pueden usar Escalas Wechler: WPPSI 3 a 6 años, WISC 6 a 17 años, WAIS más de 17 años.

Para valorar la **inteligencia** y la **memoria** se pueden usar las Escalas Reynolds (RIAS Escala de Inteligencia y Memoria y RIST Test breve de Inteligencia y Memoria).

Para valorar la **percepción visomotora** la Prueba Gráfica de Organización Perceptiva de Hilda Santucci para 4 a 6 años y Test Guestáltico Visomotor de Lauretta Bender para mayores de 6 años.

## III. EXAMEN DE LAS ACTIVIDADES NEUROMOTORAS

Motricidad y Psicomotricidad son dos conceptos distintos, pero muy relacionados, que nos permiten difcrenciar dos niveles madurativos, también, distintos. La Motricidad hace referencia al equipamiento motor de cualquier vertebrado, mientras que la Psicomotricidad hacc referencia al equipamiento exclusivamente humano. Esta especialización psicomotora nos permite dar al movimiento un significado que va más allá de lo estrictamente motor como, por ejemplo, al hablar o al escribir donde el movimiento es imprescindible pero está subordinado a la comunicación, ya sea mediante fonemas o grafías. En el desarrollo psicomotor primero madura el componente motor, Neuromotor, ya que la organización cerebral de la función motora es el punto de partida de la organización Perceptivo Motora y Práxica. La exploración de las posibilidades motrices, estáticas y dinámicas, suministra, al niño y a la niña, una información decisiva para el desarrollo de una actividad motriz coordinada, son los Patrones Motores Fundamentales.

La automatización de esta actividad motriz coordinada, tanto para los patrones locomotores como manipulativos, es imprescindible para que, mientras realizan la actividad motriz, puedan centrar la atención en otros procesos psicológicos superiores. La automatización de sistemas complejos de movimiento es necesaria para la articulación del lenguaje, para la escritura o para el manejo de herramienta e instrumentos,

La exploración de las actividades Neuromotrices, también llamadas Actividades Motrices de Base, son de suma utilidad para evaluar la integridad de la función motora y para valorar el grado de automatización de los patrones motores fundamentales. Las actividades Neuromotrices, dependientes del primer bloque funcional de Lúria, encargado de regular el tono de la corteza cerebral y la vigilia, son el Tono Muscular, el Equilibrio, la Coordinación de Movimientos Locomotores y la Coordinación Óculomanual.

El TONO MUSCULAR es el soporte esencial de cualquier tipo de actividad motriz, ya sea voluntaria o involuntaria, de forma que la organización tónica de fondo el soporte sobre el que asienta el desarrollo motor y, consecuentemente, el desarrollo psicomotor. Podemos decir que el tono muscular es la base sobre la que se construye la organización psicomotora del individuo, que va desde lo estrictamente motor hasta los niveles más altos de la conducta, íntimamente relacionada con el tono emocional. Así una situación de tensión psíquica puede provocar tensión en determinados grupos musculares, de ahí el efecto relajante que puede tener el masaje.

El grado de tensión que tiene un músculo es el Tono Muscular, que varía continuamente según la acción que esté realizando. El Tono de Reposo es el que prepara para el movimiento y el Tono de Acción el que ejecuta el movimiento. Es muy difícil distinguir dónde termina uno y empieza otro.

El Tono de Reposo, cuando no está realizando ninguna actividad motriz, el músculo tiene una tensión involuntaria, ligera y sostenida, resistente a la fatiga. Por ello esta tensión permanente es el tono muscular de partida para toda actividad motriz, sea estática o dinámica, sobre la que se construye el Tono Postural, que se aborda en el apartado de equilibrio.

El Tono de Acción, cuando está realizando una actividad motriz, el músculo tiene una tensión voluntaria, intensa y rápida pero que se agota con facilidad. Por su parte, el tono de acción es el que conduce a una actitud o movimiento ya sea Isotónico o Isométrico. En la contracción Isotónica hay un trabajo muscular dinámico, en el que varía la longitud del músculo, con desplazamiento de algún segmento corporal. En la contracción Isométrica hay un trabajo muscular estático, sin que varíe la longitud del músculo y sin desplazamiento de ningún segmento corporal.

Dado que el tono muscular es el soporte sobre el que se organiza el movimiento, y la alteración de este repercute en todas las áreas del desarrollo psicomotor, en el balance psicomotor hay que valorar si hay algún trastorno del tono muscular, ya sea por aumento de la tensión muscular (Hipertonía que a su vez puede ser Rigidez o Espasticidad), por disminución de la tensión muscular (Hipotonía), por ausencia de tensión muscular (Atonía) o por falta de control de la tensión muscular (Distonía), con aparición de movimientos involuntarios.

La detección de alguna alteración del tono se puede hacer mediante la observación y la exploración de las actividades motrices que puede realizar:

- ATONÍA. Flacidez, atrofia e incapacidad de realizar movimientos por ausencia de tono muscular
- HIPOTONÍA. Pérdida de fuerza y dificultad para realizar movimientos por bajo tono muscular.
- DISTONÍA. Movimientos involuntarios y dificultad para mantener la inmovilidad y se puede manifestar como tic, temblor, corea o atetosis.
- RIGIDEZ. Hipertonía que se manifiesta con resistencia a las movilizaciones pasivas, las que el examinador realiza, por un aumento de la tensión del tono de reposo.

- ESPASTICIDAD. Hipertonía con dificultad para realizar movimientos por aumento de la tensión del tono de acción de algunos grupos musculares.

La alteración del tono muscular puede ser debida a un mal funcionamiento del:

- SISTEMA MOTOR VOLUNTARIO formado por la corteza cerebral motora voluntaria (área 4 de Brodman) y la Vía Piramidal, que la vía motora voluntaria, con sintomatología predominante de pérdida de fuerza con espasticidad, deformidad, por afectación de unos grupos musculares y otros no y disartria (déficit para la articulación del lenguaje).

- SISTEMA MOTOR INVOLUNTARIO formado por la corteza cerebral motora involuntaria (áreas 5 y 7 de Brodman) y Sistema Extrapiramidal, con sintomatología predominante de resistencia a los movimientos pasivos rigidez, atonía, distonía o temblor en reposo y disartria.

- CEREBELO y las Vías Cerebelosas cuando están afectadas presentan la sintomatología predominante de alteración del equilibrio y la marcha, temblor intencional, imprecisión en los movimientos finos, dismetría (dificultad para el cálculo de distancias en la realización de movimientos, que compromete la coordinación óculo-manual y la coordinación óculo-pedal) y disartria (trastorno del lenguaje expresivo).

El EQUILIBRIO es el estado del cuerpo en el que las fuerzas opuestas se contrarrestan, para garantizar el mantenimiento de la postura y posibilitar la locomoción. El tono postural, que es el punto de partida el mantenimiento de la verticalidad algo que es posible gracias a la especialización del aparato locomotor y a la integración del Eje Medio Corporal, Eje de Equilibración o Eje Axial.

Estar equilibrado es tener repartido el peso del cuerpo alrededor del Eje Medio Corporal, línea imaginaria que atraviesa la masa del cuerpo, por delante de la columna vertebral y de la proyección de esta sobre el suelo, desde el centro de la cabeza hasta los maléolos internos de los tobillos.

La construcción del Eje Medio Corporal se hace a partir de la integración del Tono Postural. Mientras que el Tono de Acción es voluntario y el Tono de Reposo es involuntario hay un tercer tipo de tono, que inicialmente es voluntario y cuando se automatiza su control pasa a ser involuntario, se trata del Tono Postural.

El Tono Postural empieza con el control de la cabeza, control de tronco, sedestación y bipedestación, de arriba hacia abajo, en dirección cefalocaudal. Inicialmente el control es voluntario, tanto para levantar la cabeza como para mantener el cuerpo erguido y cuando integra una postura como propia el control es automático.

La tonificación del Eje Axial proporciona al niño y a la niña una referencia corporal estable, que le va a servir para organizar los movimientos distales de piernas y brazos y las adaptaciones posturales necesarias para mantener el equilibrio estático y dinámico.

El equilibrio es el resultado de la interacción de diferentes sistemas que proporcionan información propioceptiva y exteroceptiva, del propio cuerpo y del entorno. Un sofisticado sistema en que participa el Sistema Vestibular, la Sensibilidad Profunda, la Vista, el Cerebelo, el Sistema Tálamo-Palidal, el Sistema Tálamo-Estriado y la Corteza Cerebral.

El Sistema Vestibular en el oído interno proporciona información sobre la posición y los desplazamientos de la cabeza en el espacio.

La Sensibilidad Profunda informa sobre el grado de tensión de músculos y articulaciones. La Visión suministra información sobre el espacio y coordina la fijación de los ojos con los desplazamientos de la cabeza.

El Cerebelo, el gran rector del equilibrio, es el órgano que imprime precisión a la actividad motora, encargado del control postural estático y dinámico y de las adaptaciones posturales. Los Sistemas Tálamo-Palidal, Tálamo-Estriado y la Corteza Cerebral participan en la automatización del mantenimiento de la bipedestación y en las reacciones de equilibración.

La evolución hacia la verticalidad ha sido posible gracias a múltiples adaptaciones, destacando las del aparato locomotor, que han permitido la oposición a la fuerza de la gravedad. Las adaptaciones de la estructura ósea permite descargar el peso del cuerpo sobre la Columna Vertebral, posteriormente se reparte en ambas Piernas y finalmente recae sobre los Apoyos Plantares, donde los pies toman contacto con el suelo.

La solidez esquelética actúa como un vector de fuerza que se opone al vector de la fuerza de la gravedad, que tiende a atraer al cuerpo hacia el suelo. El sistema muscular se encarga de mantener equilibrado al sistema óseo. En la exploración del esqueleto óseo y del sistema muscular empieza la valoración del equilibrio, ya que son el punto de arranque para la construcción del eje medio corporal que, como hemos visto, juega un papel crucial en el equilibrio y en el mantenimiento de la postura.

LOCOMOCIÓN o Coordinación de Movimientos Locomotores se organiza a partir del control postural que es el punto de partida para la conquista de la verticalidad. El control postural, a su vez, se organiza a partir del control consciente y voluntario del tono muscular y pasar, después, al mantenimiento automático de la postura, integración del eje medio corporal y afianzamiento de los patrones locomotores fundamentales de marcha, carrera y salto.

La integración del eje medio corporal, como referencia automática de la postura bípeda, es imprescindible para que los movimientos de piernas y de brazos sean coordinados. Dicho de otra forma, la estabilidad proximal es necesaria para la organización de los movimientos distales coordinados.

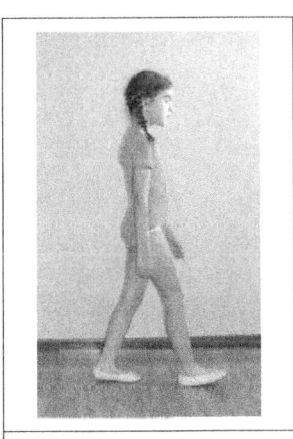

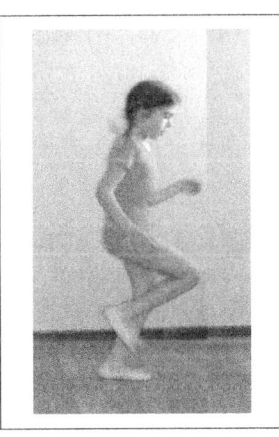

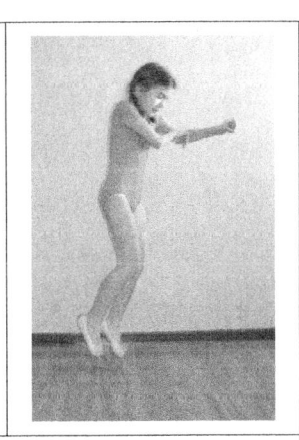

PATRONES LOCOMOTORES FUNDAMENTALES: Marcha, Carrera y Salto.

Al ser la estabilidad del tronco un requisito indispensable para la organización de los movimientos distales, un eje axial inestable compromete el desarrollo adecuado de movimientos distales de piernas y brazos. La estabilidad del eje medio y la automatización de los patrones fundamentales de movimientos locomotores y manipulativos son necesarias para desarrollar habilidades motrices complejas.

La observación de los cambios que se producen durante la niñez, sirve para detectar posibles alteraciones del desarrollo motor ya que, los patrones locomotores pasan por diferentes etapas hasta adquirir un nivel maduro de coordinación.

El patrón de MARCHA evoluciona desde la inestabilidad del eje medio a la estabilidad ya que el patrón inicial tiene más de equilibrio, para no caer, que de locomoción.

El niño pequeño tiene el centro de gravedad relativamente alto, la base de sustentación pequeña, poco peso corporal y escasa coordinación de los músculos necesarios para mantener el equilibrio. Para compensar el deficiente control del equilibrio durante la marcha separa los pies y así aumenta la base de sustentación, flexionando la cadera y las rodillas para ubicar más bajo su centro de gravedad y levanta los brazos para redistribuir el peso alrededor de la línea media.

Los pies separados y girados hacia afuera para aumentar la base de sustentación, además de la rigidez de las piernas, dan lugar a una marcha balanceante, como a pequeños saltos, y con un ritmo irregular, que se torna más rítmico cuando disminuye la separación de los pies y el ángulo que forman las piernas se hace menor.

Cuando el patrón de marcha madura disminuye la base de sustentación, los pies giran hacia dentro y se colocan en paralelo, aumenta la zancada y la velocidad, los brazos descienden pegados al tronco para moverse desde el hombro en oposición sincronizada con las piernas. Aunque la marcha madura a los tres años, a los dos la mayoría de los niños han desarrollado un patrón aceptable, con dominio de la habilidad para detenerse, reiniciar la marcha y girar mientras caminan.

El patrón de CARRERA evoluciona desde un caminar apresurado y torpe a un patrón veloz y coordinado. A medida que el patrón de marcha mejora, el niño se siente más seguro, y aumenta la velocidad del desplazamiento. La carrera se parece al principio a una marcha rápida, en la que siempre hay un píe en contacto con el suelo, y no aparece la característica fase de vuelo de la carrera. A medida que el niño crece aumenta el tiempo que permanece en el aire sin apoyo, aumenta la velocidad y el alcance de la zancada.

Cuando el patrón de carrera madura, las piernas se flexionan para imprimir más alcance a la zancada, los pies se colocan en paralelos con las puntas hacia delante y los brazos, pegados al cuerpo, se flexionan a cuarenta y cinco grados para que colaboren en la propulsión. Durante la carrera se observa en cada zancada la fase de impulso sobre los dedos del píe más retrasado, una fase de vuelo, y una fase de aterrizaje sobre el talón del píe más adelantado. Las características del impulso, el vuelo, el aterrizaje y la participación de los brazos, son los indicadores del grado de madurez del patrón de carrera.

El patrón de SALTO evoluciona desde el desequilibrio durante el vuelo y la asimetría en el impulso y en el aterrizaje hasta un patrón con vuelo estable, con mayor alcance, participación de los brazos y simultaneidad de los pies en el impulso y en el aterrizaje. De patrones locomotores fundamentales el salto es el más complejo y el último que se adquiere ya que todavía no tiene suficiente fuerza en las piernas, para el impulso de forma sincrónica, y el control del equilibrio es insuficiente para mantener la estabilidad durante la fase de vuelo.

El salto se inicia como un paso exagerado para descender de poca altura, ya que requiere poca fuerza en las piernas, cuando las piernas se fortalecen y mejora el equilibrio puede saltar desde alturas cada vez mayores. Primero aparece el salto vertical, en el mismo lugar sin desplazamiento, mientras que el salto con desplazamiento a lo largo es un patrón que aparece después, cuando la dirección de empuje cambia del plano vertical al horizontal.

El patrón de salto a lo largo se divide en cuatro etapas distintas: agachado preliminar, impulso, vuelo y aterrizaje. Las características de cada una de estas etapas varían cuando el salto se hace maduro. En el estadío inicial del patrón de salto el agachado preliminar y el despegue son limitados, los brazos participan poco en el impulso y mucho en el equilibrio durante el vuelo y los pies no actúan simultáneamente ni en el despegue ni en el aterrizaje.

En los estadíos posteriores la flexión preparatoria es mayor y el impulso en el despegue con más fuerza. Los brazos van adquiriendo, paulatinamente, más protagonismo y en lugar de abrirlos para equilibrarse durante el vuelo los balancea para mejorar el impulso. El impulso de los pies al despegar y el contacto con la suelo al aterrizar son simultáneo.

La simetría de los pies en el impulso y en el aterrizaje, el alcance del vuelo y la participación de los brazos, son los indicadores del grado de madurez del patrón de salto con los pies juntos.

En el salto precedido de carrera, en el que el alcance del vuelo, y por tanto la amplitud del salto, es mayor, el impulso es sobre un solo pie de apoyo, habitualmente el dominante, mientras que el aterrizaje es simultáneo con los dos pies. Igual que en el salto con los pies juntos la participación de los brazos en el impulso, y en consecuencia en el alcance del salto, es esencial.

La velocidad de carrera previa, el impulso sobre el último pie de apoyo, que suele ser el dominante, la participación de los brazos, el alcance del vuelo y la simetría de los pies en el aterrizaje, son los indicadores del grado de madurez del patrón de salto con carrera previa..

La COORDINACIÓN ÓCULO MANUAL, aunque es una actividad neuromotora, por estar íntimamente relacionada con la Lateralidad y con la Manipulación, por motivos operativos, la vamos a abordar con las actividades percetivomotoras. Por tanto, en este capítulo, sólo vamos a describir la exploración del tono muscular, equilibrio y coordinación de movimientos.

Las actividades neuromotoras o actividades motrices de base, tono muscular, equilibrio y coordinación, son automatizables ya que del control por la corteza cerebral se pasa al control subcortical. La automatización está íntimamente relacionada con la atención ya que la subcorticalización del acto motor permite al cerebro realizar la actividad motriz de forma automática para que la corteza cerebral pueda centrar la atención en otros procesos psicológicos superiores de naturaleza perceptiva y práxica.

## EXPLORACIÓN DEL TONO MUSCULAR

La exploración del Tono Muscular para detectar anomalías o signos de alerta en la consistencia muscular, la extensibilidad, la resistencia a los movimientos pasivos, la fuerza, el control del contraste tónico contracción-relajación, tanto global como segmentario y la aparición de movimientos involuntarios.

| | |
|---|---|
| 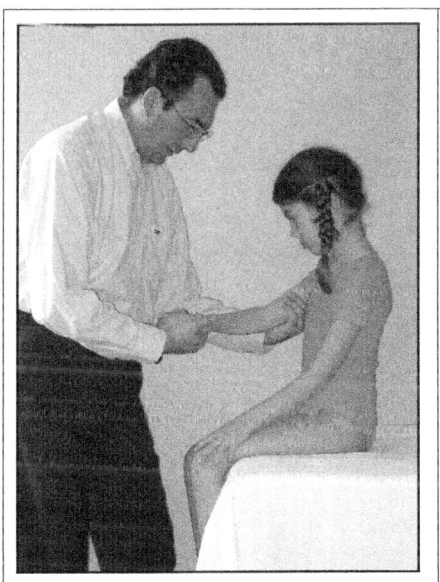 PALPAR EL MÚSCULO para detectar si hay alguna alteración de la consistencia | 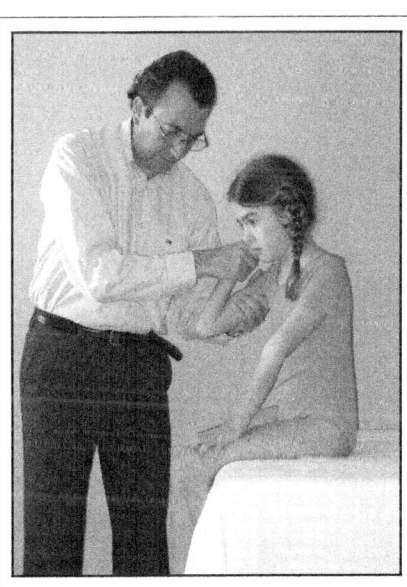 MOVILIZAR EL CODO para detectar si hay rigidez cérea o rueda dentada. |

1. **Consistencia Muscular.** Para valorar la consistencia del músculo hay que observar para ver si hay alguna atrofia o deformidad, palpar para ver si hay fasciculaciones (pequeñas contracciones musculares involuntarias) o contracturas y hay que movilizar para ver si hay flacidez, hipotonía o hipertonía.

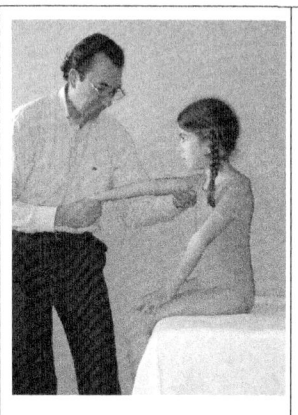

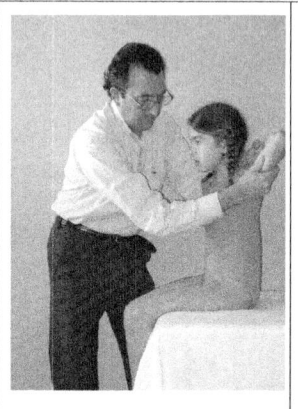

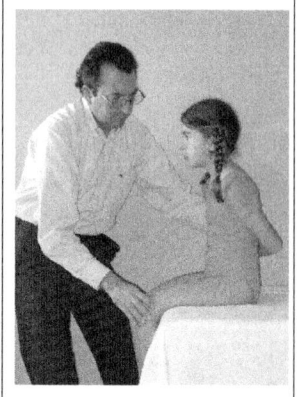

EXTENSIBILIDAD DEL CODO Y DEL HOMBRO. Extensión y flexión de uno y otro codo hasta tocar con la mano la nuca y el glúteo del lado opuesto.

La hipertonía puede ser espasticidad (por la afectación de la corteza motora voluntaria y/o la vía piramidal) que aparece al hacer un movimiento voluntario o puede ser rigidez (por la afectación de la corteza motora involuntaria y/o el sistema extrapiramidal) que aparece como resistencia a la movilización pasiva. Esta última puede ser Rigidez Cérea, la resistencia es como si doblásemos una vela, o Rigidez en Rueda Dentada, venciendo pequeñas resistencias.

2. **Extensibilidad Articular**. La extensibilidad o flexibilidad se puede explorar separando, con precaución, los distintos segmentos de los miembros, para valorar la longitud que pueden alcanzar determinados músculos. Se valora la laxitud y la amplitud articular en los brazos, en las piernas y en la columna vertebral.

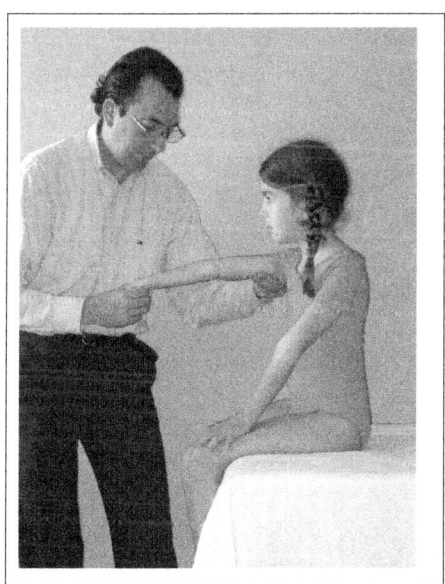

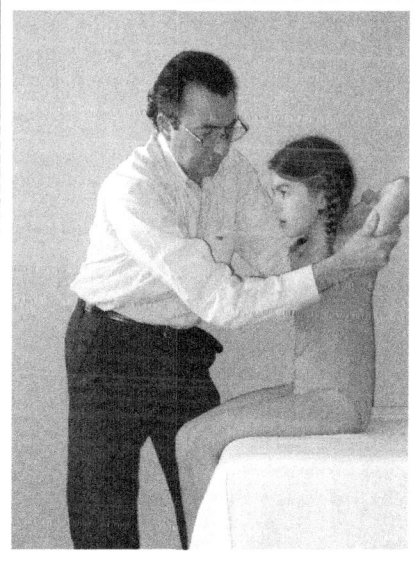

EXTENSIBILIDAD DE MUÑECA. Extensión de la muñeca y los dedos y flexión de la muñeca aproximando el pulgar al antebrazo sin forzarlo.

En la valoración de los miembros superiores se exploran las articulaciones del hombro, del codo y de la muñeca. En la exploración de la flexión de la muñeca y los dedos la hiperlaxitud articular permite tocar al antebrazo con el pulgar.

EXTENSIBILIDAD DE PIERNAS. Sentada en el suelo que separe las piernas y se incline hacia delante para valorar apertura de cadera y flexión de columna.

La hiperlaxitud articular es un aumento exagerado de la extensibilidad, más frecuente en las niñas y durante la infancia pero disminuye con mayor edad. En la valoración de los miembros inferiores se exploran las articulaciones de cadera, rodilla y tobillo. En la valoración de columna se explora la flexión de pie y sentada en el suelo y la extensión en el suelo tumbada boca abajo.

FLEXIÓN DE COLUMNA sentada y de pié tocar la punta de los pies. EXTENSIÓN DE COLUMNA en decúbito prono elevar el tronco

En la valoración de la articulación de la cadera se explora la abducción y la rotación, tumbada boca arriba para que separe las piernas sin doblarlas, como aparece en las imágenes de extensibilidad de las piernas. Después la posición de la mariposa, con las piernas en flexión y las plantas de los pies pegadas, primero boca arriba, para intentar pegar lo más posible las rodillas al suelo, y después boca abajo, para intentar pegar, igualmente, lo más posible el pubis al suelo.

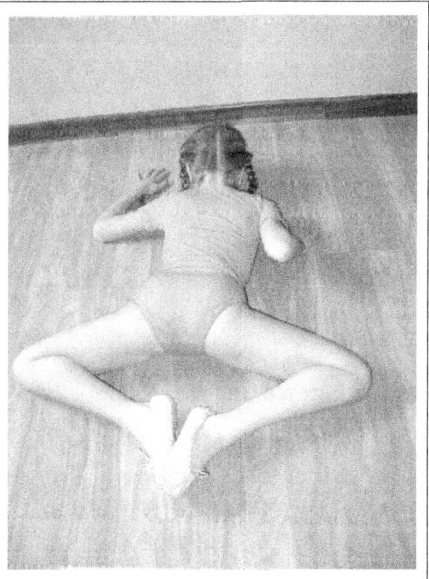

VALORACIÓN DE LA CADERA. La posición de la mariposa, tumbada boca arriba, con las piernas en flexión y la planta de los pies junta, intentar pegar las rodillas al suelo. Después, tumbada boca abajo, piernas en flexión y las plantas juntas, intentar pegar el pubis al suelo.

3. **Pasividad**. La pasividad nos sirve para saber la capacidad que tiene la niña de inhibir los movimientos voluntariamente. Se explora movilizando las piernas y los brazos para ver si se deja hacer el movimiento pasivamente o tiende a moverlos

voluntariamente. La capacidad de inhibir la actividad motriz de forma voluntaria es un buen indicador madurativo necesario para el control y la precisión en los movimientos.

| | |
|---|---|
| 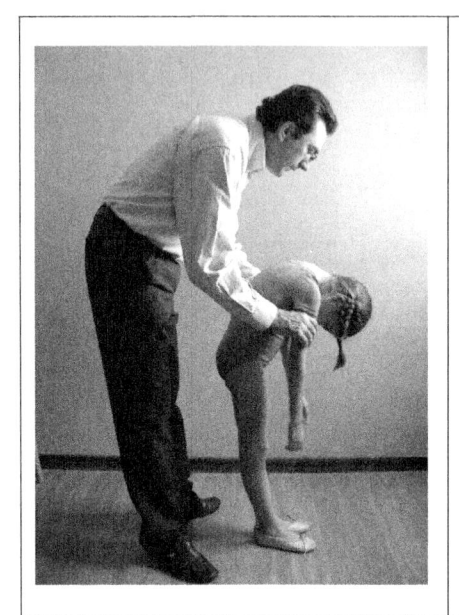 PASIVIDAD EN BRAZOS De pié, inclina hacia delante e pedir que deje los brazos flojos y balancear desde los hombros. | 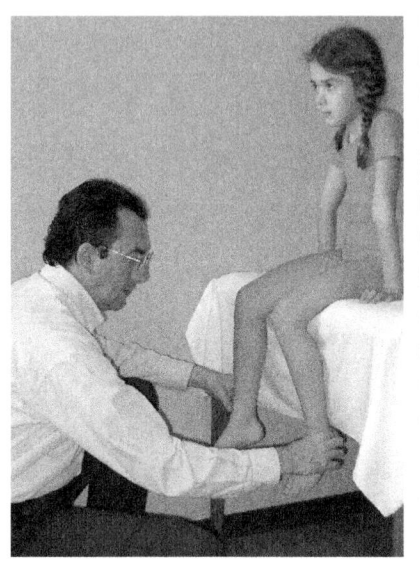 PASIVIDAD EN PIERNAS Sentada, con las piernas colgando, pedir que las deje flojas y balancear una y después otra. |

4. **Fuerza**. La valoración de la fuerza en piernas y en brazos se puede realizar de forma sencilla con una prueba de Barré en piernas y en brazos. En la prueba de Barré en piernas, tumbada boca arriba con los ojos cerrados, el examinado sostiene las piernas ligeramente elevadas y se le pide que no las baje cuando soltemos para valorar si las puede mantener un instante, sin que ninguna de ellas descienda que indicaría una posible pérdida de fuerza, en una o en las dos piernas.

La prueba de Barré en brazos se realiza de pie o sentada, con los ojos cerrados, los brazos extendidos al frente, las manos abiertas y los dedos separados. Se le pide que los mantenga sin bajarlas unos veinte centímetros y se valora si lo hace un instante, sin que ninguna de ellas descienda.

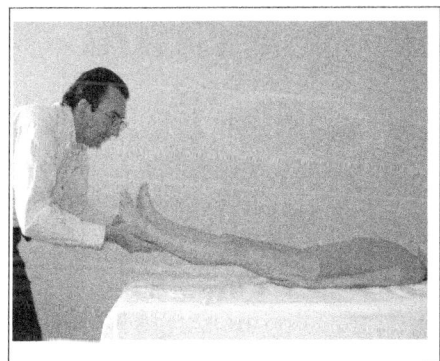

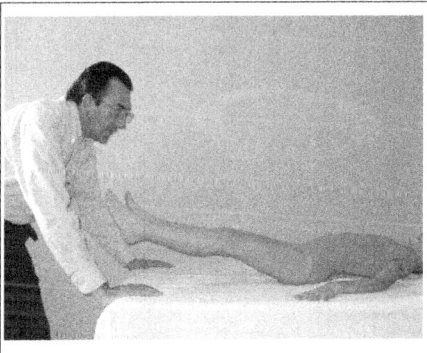

PRUEBA DE BARRÉ EN PIERNAS. Tumbada se pide que mantenga las piernas elevadas unos veinte centímetros, con los ojos cerrados, para ver si desciende una, que podría indicar una hemiparesia o las dos.

Al tener los ojos cerrados no puede corregir la posición si ve que uno de los brazos desciende. Si hay pérdida de fuerza en un brazo, o en los dos, el brazo parético desciende lo que se considera que la prueba de Barré es positiva.

A veces puede haber una pérdida de fuerza y, aunque el brazo no desciende, los dedos de la mano del lado parético tienden a cerrarse. Los resultados de la prueba son más evidentes en las hemiparesias por la diferencia en la respuesta de un brazo o una pierna en comparación con el otro brazo o la otra pierna.

| 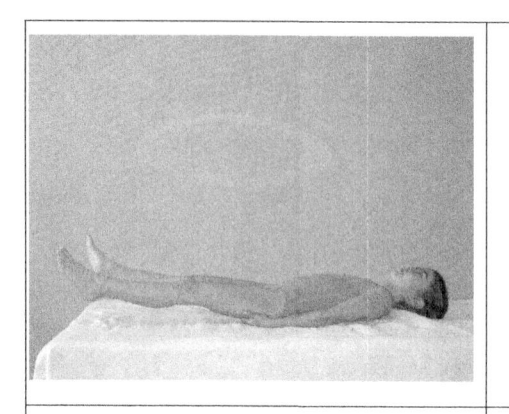 PRUEBA DE BARRÉ EN PIERNAS. Con los ojos cerrados, tumbada mantener las piernas elevadas. |  PRUEBA BARRÉ EN BRAZOS Con los ojos cerrados mantener al frente los brazos extendidos. |
|---|---|

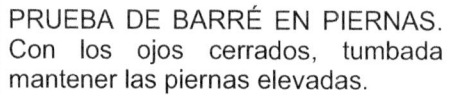

Cuando hay pérdida de fuerza en un miembro en la valoración se puntúa de 0 a 5, siendo cero la ausencia absoluta de actividad motriz y cinco fuerza normal que puede realizar un movimiento venciendo la oposición que hace el examinador.

GRADACIÓN DE PÉRDIDA DE FUERZA:

0. No hay evidencia de contracción ni actividad muscular alguna en el miembro afectado.

1. Hay una mínima contracción en el miembro pero no puede hacer ningún movimiento.

2. Hay amplitud completa de movimiento, que puede hacer deslizando sobre una superficie, sin gravedad.

3. Hay amplitud completa de movimiento elevando el miembro contra la gravedad.

4. Hay amplitud completa de movimiento contra la gravedad y una pequeña resistencia del examinador.

5. Hay amplitud completa de movimiento contra la gravedad y la resistencia que el examinador opone al movimiento de elevación del miembro.

Para valorar la fuerza de la espalda, las piernas, los brazos y las manos se pueden utilizar distintos tipos de Dinamómetros. Hay dinamómetros de presión para medir la fuerza de la mano y dinamómetros de tracción para medir la fuerza de la espalda, de los brazos y de las piernas.

5. **Contraste Tónico.** Es de gran importancia valorar si tiene adquirida la noción de contracción y relajación muscular y si es capaz de pasar voluntariamente de la relajación (tono de reposo) a la contracción (tono de acción).

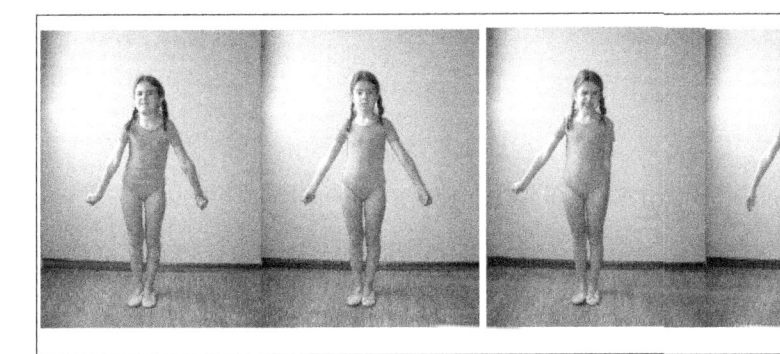

CONTRASTE TÓNICO. Se le pide que contraiga, que apriete o ponga duro, todos los músculos del cuerpo y después que los afloje para ver si tiene la noción del contraste tónico contracción y relajación. Después apriete y afloje un brazo y después otro, una pierna y después otra. Finalmente que alterne contraer y relajar o apretar y aflojar todo el cuerpo y por partes.

Se valora primero si sabe controlar voluntariamente la contracción y la relajación de todo el cuerpo. Después se le pide que contraiga y relaje distintas partes del cuerpo, una pierna y otra, un brazo y otro, una mano y otra. Si no entiende qué quiere decir contraer y relajar utilizar un símil como apretar y aflojar la mano o poner duro y blando el brazo. Finalmente valorar si pasa con facilidad de la contracción a la relajación, global y segmentaria, contraste tónico a nivel global y segmentario.

6. **Movimientos involuntarios**. Para su valoración es importante observar si es capaz de mantener la inmovilidad y, si durante la exploración, tiene alguna distonía o movimiento involuntario. Los movimientos involuntarios más frecuentes son:

SINCINESIA. Contracción involuntaria de un grupo muscular asociada a un movimiento voluntario de otra parte del cuerpo.

PARATONÍA. Contracción anormal por incapacidad para relajar un grupo muscular, aunque se lo proponga, al hacer un movimiento voluntario con la parte del cuerpo contralateral.

TICS. Espasmo repetitivo de un grupo muscular que puede ser de origen neurológico o psicológico.

TEMBLOR. Contracción y relajación rítmica de una parte del cuerpo, que puede surgir en reposo (de origen extrapiramidal) o cuando se realiza alguna acción (de origen cerebeloso).

ATETOSIS. Movimientos de contorsión lentos y continuos como una especie de danza que se desencadena espontáneamente, sin estímulo alguno.

COREA. Movimientos repetitivos breves, rápidos e irregulares. Pueden ir asociados a atetosis y entonces se denominan movimientos coreoatetósicos.

HEMIBALISMO. Movimiento repetitivo rápido, tipo corea, pero de una pierna o de un brazo. Estos tres últimos suelen ir asociados a una patología grave.

Los movimientos involuntarios pueden ser de distintos tipos y tener diferente significado hasta el punto que unos están presentes en patologías graves, como atetosis, corea, hemibalismo o paratonía, otros tienen escaso significado, como las sincinesias, mientras que otros, como los tics y el temblor, pueden tener distinta interpretación según sus características concretas.

Además de la inmovilidad debe realizar distintas actividades para observar si hay temblor en reposo por afectación del sistema extrapiramidal o temblor intencional por afectación del cerebelo. Igual ocurre en las Paratonías y las Sincinesias que aparecen cuando se realiza algún movimiento.

La Inmovilidad se explora, con los pies juntos y los brazos en los costados primero, para observar si aparece algún tics u otro movimiento. Después se explora con brazos extendidos al frente para observar si aparece temblor de las manos. El temblor en reposo, cuando se está inmóvil, puede ser por afectación extrapiramidal y temblor intencional, por ejemplo al llevar la cuchara hasta la boca, por afectación del cerebelo.

| 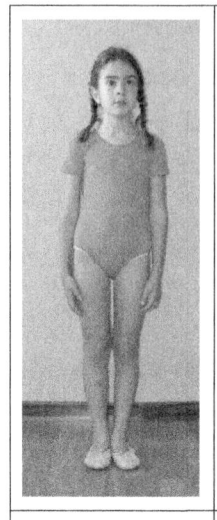 MANTENERSE INMOVIL | 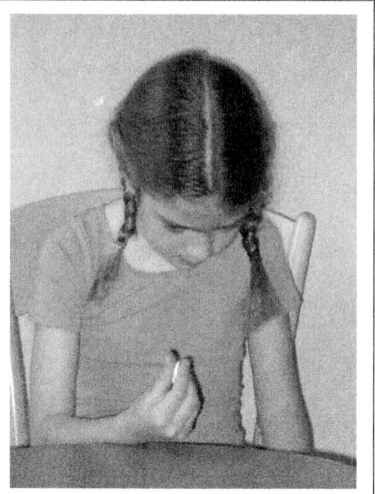 TEMBLOR INTENCIONAL en la manipulación voluntaria. | 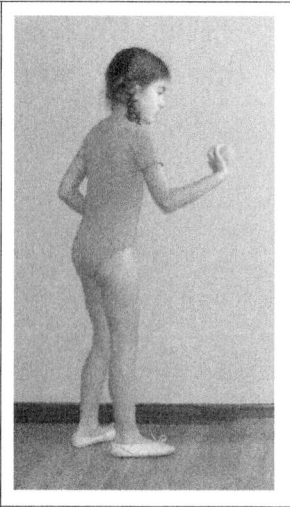 MANIOBRA MANO MUERTA en paratonías |
|---|---|---|

En la Sincinesia el movimiento involuntario aparece cuando se realiza un actividad motriz voluntaria y se produce sin que se le preste atención, como por ejemplo mordisquearse el labio mientras se escribe, sin que indique necesariamente que haya una alteración del desarrollo psicomotor.

Algo que no ocurre en la Paratonía, que también aparece cuando se realiza un actividad motriz voluntaria, como por ejemplo hacer un movimiento con una mano y no poder inhibir el movimiento en su otra mano, pero en este caso su presencia suele ser indicativo de alguna alteración del desarrollo psicomotor.

En la Paratonía el movimiento involuntario se produce, aunque el examinador le indique que no lo realice, por incapacidad de inhibir voluntariamente. Para su exploración se utiliza la Maniobra de la Mano Muerta en la que se le pide que diga con que mano va a coger una pelota pequeña que le lanzamos y le indicamos que el otro brazo no lo mueva. En la Paratonía el niño es incapaz de dejar el brazo caído y, del mismo modo que eleva el brazo elegido para coger la pelota, también eleva paralelamente el brazo que se le ha indicado que no mueva.

7. **Reflejos Musculares Profundos**. Al golpear con el martillo de reflejos en el tendón de un músculo relajado se produce un estiramiento de este y, como respuesta, la contracción refleja del músculo. La exploración de los reflejos musculares es de utilidad para valorar la integridad de la vía motora voluntaria.

Según como sea la naturaleza de la contracción se puede considerar normal o indicar que la vía piramidal está comprometida en alguna medida. La respuesta normal es la aparición de reflejos vivos y simétricos en uno y otro hemicuerpo. Son respuestas patológicas la arreflexia o falta de respuesta del músculo, la hiperreflexia o respuesta exagerada, el clonus o contracciones repetidas, la asimetría en la respuesta y el aumento de la zona de estimulación alrededor del tendón.

Reflejo Rotuliano. Sentado con la pierna colgando y la rodilla en flexión o acostado con piernas semi flexionadas y apoyadas en talones, percutir sobre el tendón rotuliano provoca la extensión de la pierna.

Reflejo Aquíleo. De rodillas sobre una superficie con los pies por fuera, percutir sobre el tendón aquíleo provoca la flexión de la planta del pie.

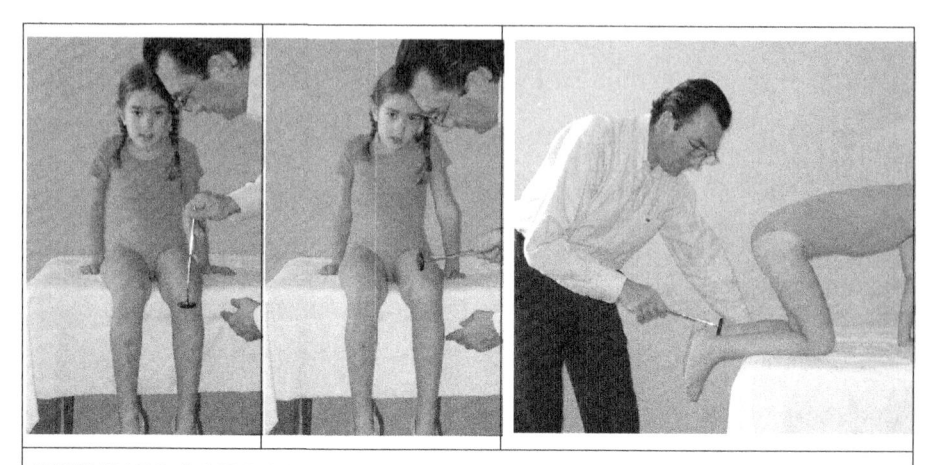

REFLEJOS ROTULIANO Y CUBITAL. El primero se explora percutiendo con el martillo en el tendón del músculo, por debajo de la rótula, y el segundo en el tendón de Aquiles. Se valora también si está aumentada el área de estimulación.

Reflejo Tricipital se explora sentado, con el brazo en semiflexión y apoyado sobre su muslo o colgando sujeto por el examinador, percutir sobre el tendón del tríceps, encima del olécranon, lo que provoca la extensión del codo.

Reflejo Cubital al percutir sobre el tendón del bíceps, con el brazo apoyado y en flexión, provoca flexión del codo.

Reflejo Radial al percutir sobre la parte distal y externa del radio, con el brazo apoyado y en supinación, provoca flexión del codo y pronación del antebrazo.

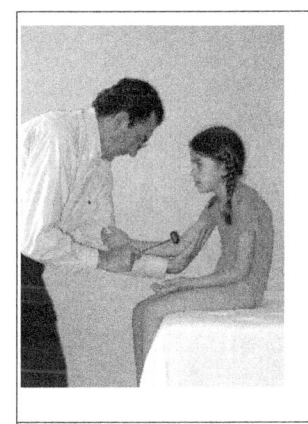

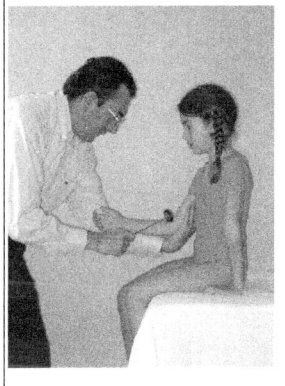

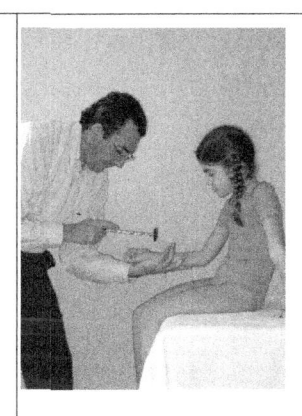

REFLEJOS TRICIPITAL, CUBITAL Y RADIAL. El primero se explora percutiendo con el martillo de reflejos en la parte posterior del brazo por encima del codo, el segundo en la cara interna en el ángulo del brazo con el antebrazo y el tercero en la muñeca.

Al valorar un reflejo, en los dos lados del cuerpo con la misma intensidad del estímulo, tiene que estar relajada la parte que se explora. Para ello se puede utilizar alguna maniobra de distracción como, por ejemplo, al explorar el reflejo rotuliano pedir que, cuando le indiquemos, apretar fuerte las manos o traccionar de ellas sentido contrario cogidas por los dedos y en ese momento percutir sobre el tendón del músculo.

7. **Reflejos Cutáneos** Son reflejos superficiales que se estimulan al rozar la piel con un objeto romo y se valora si la respuesta muscular es normal o patológica. De los distintos reflejos cutáneos que hay sólo vamos a ver el Reflejo Plantar, de suma importancia para confirmar la sospecha de una afectación del la Vía Piramidal, por haber detectado una hiperreflexia en la exploración de los reflejos musculares profundos o reflejos músculo tendinosos.

El Reflejo Plantar se produce al rozar con un objeto romo el borde exterior de la planta del pié, en dirección del talón a los dedos, lo que provoca una reacción defensiva con flexión de los dedos. Si la respuesta que se produce es la extensión de los dedos indica que hay una afectación del sistema motor voluntario.

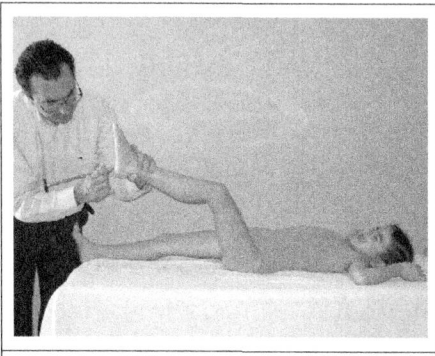

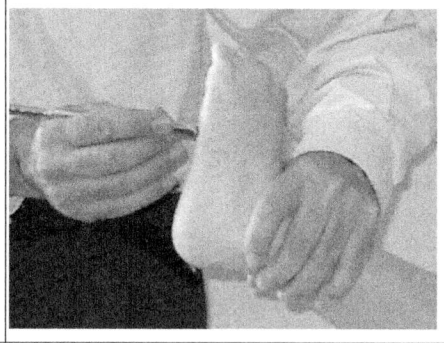

REFLEJO PLANTAR. Al estimular con un objeto puntiagudo el borde exterior del pie, del talón hacia delante, los dedos se flexionan como reacción de defensa.

El Signo de Babinski, tal vez el más importante de los signos que indican una afectación neurológica, es una inversión del Reflejo Plantar.

Al estimular el borde exterior del pié, en dirección del talón a los dedos, la respuesta que se produce es la extensión de los dedos que se abren en abanico. La aparición de esta respuesta se denomina Babinski Positivo es signo de afectación de la Vía Piramidal y del sistema motor voluntario.

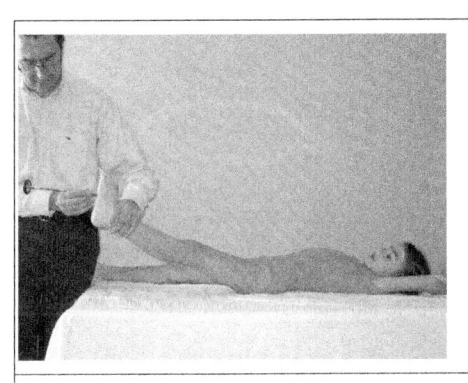

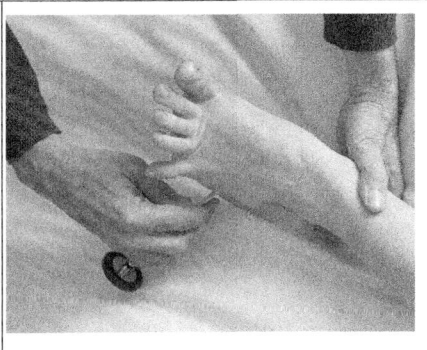

SIGNO DE BABINSKI. Al estimular el borde exterior del pie, en vez de una flexión defensiva de los dedos, la respuesta es la extensión de los dedos, que se abren en abanico, en cuyo caso se considera Babinsky Positivo con el consecuente compromiso de la vía piramidal o la vía motora voluntaria.

# EXPLORACIÓN DEL EQUILIBRIO

En la exploración del equilibrio, para detectar anomalías o signos de alerta, hay que descartar algún defecto de la alineación corporal o alguna alteración del equilibrio, estático y después dinámico. Las pruebas se hacen con los ojos abiertos y con los ojos cerrados, con apertura y reducción de la base de sustentación (píes juntos y separados). La inestabilidad del eje medio así como la dificultad para caminar con los pies alineados o sobre las puntas puede ser por una alteración del cerebelo, del sistema vestibular, de la rama vestibular del VIII par craneal o, simplemente por cierta inmadurez del equilibrio.

1. **Alineación del Esqueleto**.

Para valorar la alineación del esqueleto hay que explorar pies, piernas, cadera y columna vertebral. El Arco Plantar y los Apoyos Plantares, la alineación de las piernas, la altura de la cadera y la alineación de la columna vertebral. La exploración del Arco Plantar se hace con los pies separados y la punta hacía el frente para observar la bóveda plantar y descartar que esté aplanada o excesivamente marcada. En Pie Plano, con el arco plantar aplanado, el pie se inclina hacia dentro y es conveniente utilizar plantillas para corregir la inclinación.

En Pie Cavo, el arco plantar muy pronunciado, el pie se inclina hacia fuera y puede causar dolor plantar por lo que es conveniente utilizar plantillas de descarga. Para evaluar la inclinación de los pies es importante explorar si hay también desviación del Tendón de Aquiles. Para ello se observa si al elevarse sobre las puntas de los pies el tendón deja de estar alineado con la pierna y se desplaza hacia dentro o hacia fuera. En ambos casos puede condicionar la correcta alineación de las piernas.

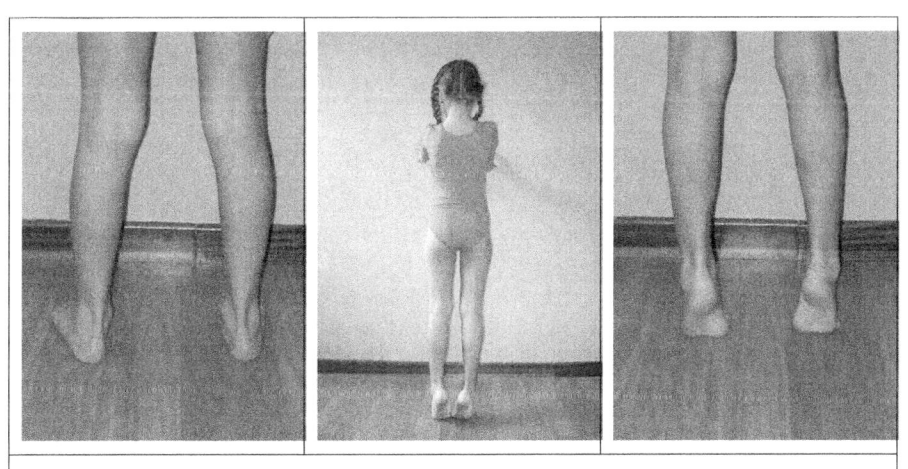

ARCO PLANTAR. El pie plano y el pie cavo pueden provocar la desviación del Tendón de Aquiles, que se observa al elevarse sobre las puntas de los pies, y condicionar la correcta alineación de las piernas.

El Pie Plano se asocia al Genu Valgo ya que, al estar inclinados hacia dentro, las rodillas se aproximan y los pies se separan, como consecuencia tienen el aspecto de piernas en equis X. El Genu Valgo dificulta algo la marcha pero sobre todo la carrera tanto a nivel estético como funcional.

El Píe Cavo se asocia a Genu Varo ya que, al estar inclinados hacía fuera, las rodillas se separan y los pies se juntan, como consecuencia tienen el aspecto de piernas en paréntesis ( ). El Genu Varo no suele dificultar ni la marcha ni la carrera por lo que la repercusión es más a nivel estético que funcional.

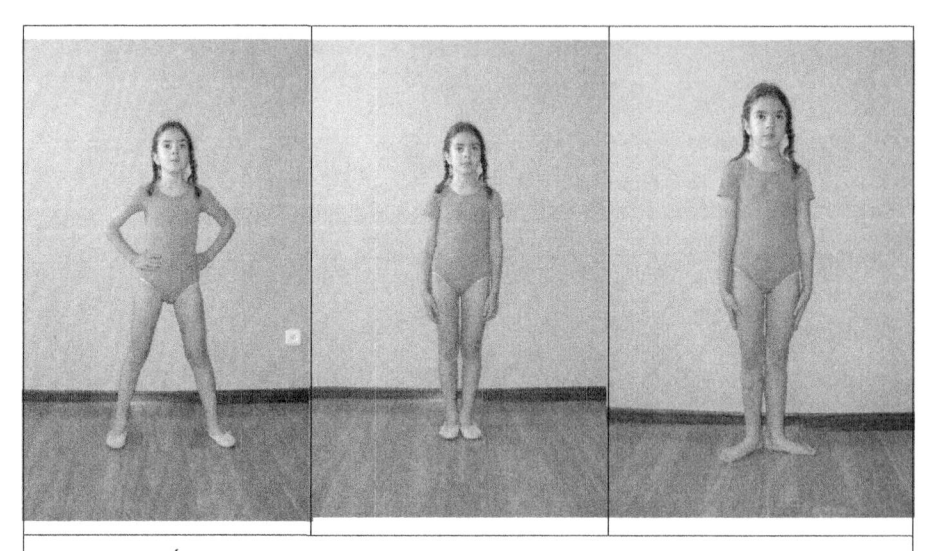

VALORACIÓN DE LAS PIERNAS se explora con los pies separados para observar si hay un defecto en la alineación, con los pies juntos si hay un acortamiento de un miembro y con los talones unidos y la puntas separadas para observar si las rodillas se monta una sobre otra.

Las Piernas se exploran con los pies separados para observar las rodillas y la alineación de los dos tramos, muslo y pierna, con los pies juntos para observar si una rodilla monta sobre otra, lo que podría indicar un defecto en la alineación o el acortamiento de una de las extremidades. En el caso de sospechar un acortamiento de una de las extremidades habrá que medir desde la cresta ilíaca hasta el tobillo externo en las dos piernas para verificarlo.

Si se confirma que una pierna es más corta tendría que utilizar una plantilla para compensar el acortamiento, evitar la inclinación de la cadera y, en consecuencia, la desviación de la columna para compensar dicha desviación.

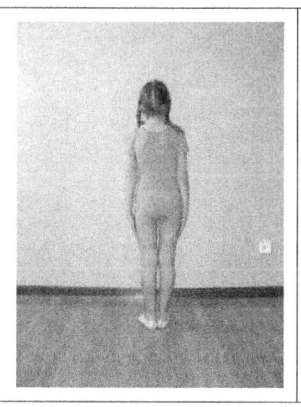

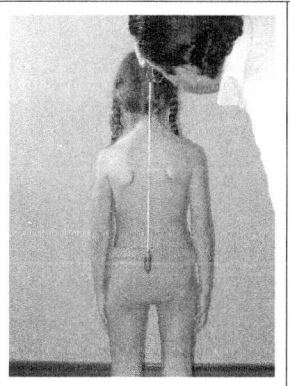

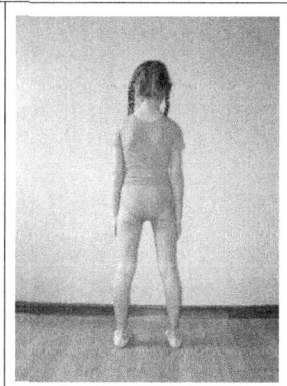

PRUEBA DE LA PLOMADA para valorar desviación lateral de la columna (Escoliosis), la altura de los omoplatos, la curvatura dorsal muy marcada (Lordosis), la curvatura cervical muy marcada (Cifosis) o una prominencia.

Para valorar la Columna Vertebral se explora la altura de los omóplatos o escápulas, para observar si hay uno más elevada que otro.

Después, para explorar la alineación de la columna vertebral se puede utilizar la Prueba de la Plomada, superponiendo a las apófisis espinosas de las vértebras, que sobresalen y se pueden palpar para localizarlas. Se puede marcar con un bolígrafo pintando un punto sobre cada una para observar de forma más clara si hay desviación respecto a la cuerda de la plomada hacia alguno de los lados.

2. **Equilibrio Estático**. En la exploración del equilibrio estático se hace con el niño/a inmóvil con distintas bases de sustentación. Se valora la simetría de la postura bípeda, la capacidad de mantener la inmovilidad, la estabilidad con los pies juntos, con los pies alineados y sobre la punta de los pies. La exploración se hace con los ojos abiertos y con los ojos cerrados (Prueba de Romberg).

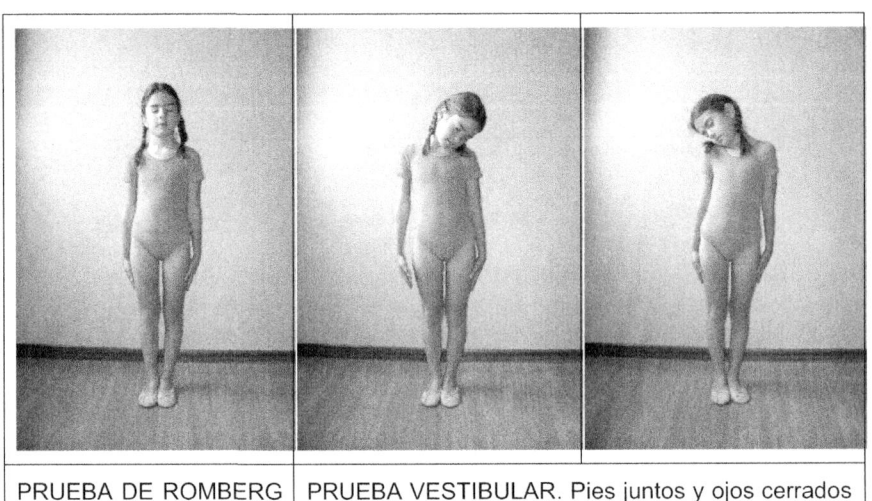

| PRUEBA DE ROMBERG Pies juntos ojos cerrados mantenerse inmóvil. | PRUEBA VESTIBULAR. Pies juntos y ojos cerrados apoyar la cabeza en un hombro y después en el otro y mantenerse inmóvil. |
|---|---|

La Prueba de Romberg es de gran utilidad para valorar el equilibrio estático. Consiste en mantener la inmovilidad con los píes juntos y los brazos pegados a los costados, primero con los ojos abiertos y después con los ojos cerrados.

La imposibilidad para mantener la verticalidad con los ojos cerrados (Romberg positivo) podría indicar un trastorno en el cerebelo, en el sistema vestibular o en la rama vestibular del VIII par craneal (cocleo-vestibular o estato-acústico).

Para valorar la estabilidad del Eje Medio Corporal en bipedestación se explora inmóvil, con los pies juntos, mientras sostiene un objeto sobre la cabeza sin que se caiga, un saquito o un taco de psicomotricidad.

También hay que valorar el Equilibrio Estático con modificación de los apoyos plantares y de la base de sustentación, con pies alineados, sobre las puntas, sobre una superficie elevada y sobre una pierna.

Es conveniente hacer la exploración con las manos en las caderas y evitar los movimientos de brazos para mantener el equilibrio y poder observar mejor los posibles desequilibrios. También hay que observar si se vuelve a equilibrar con facilidad y si tiene defensa ante la caída.

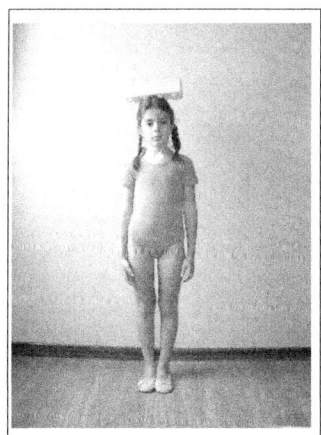

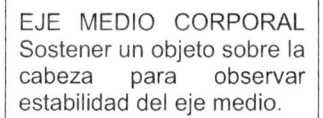

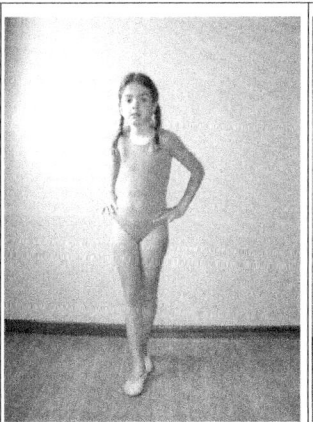

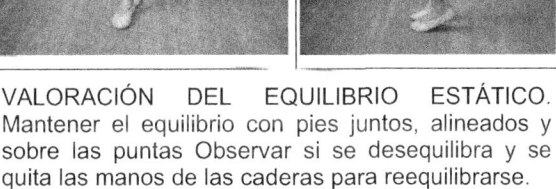

| EJE MEDIO CORPORAL Sostener un objeto sobre la cabeza para observar estabilidad del eje medio. | VALORACIÓN DEL EQUILIBRIO ESTÁTICO. Mantener el equilibrio con pies juntos, alineados y sobre las puntas Observar si se desequilibra y se quita las manos de las caderas para reequilibrarse. |
|---|---|

3. **Equilibrio Dinámico**. Se explora si se produce algún desequilibrio cuando cambia de postura sobre una superficie reducida o durante el desplazamiento. Se observa si durante la deambulación hay algún desequilibrio al caminar:
- Sobre la punta de los pies.
- Sobre una línea en el suelo.
- Sobre una cuerda extendida en el suelo.
- Sosteniendo un objeto sobre la cabeza.
- Con los ojos cerrados.

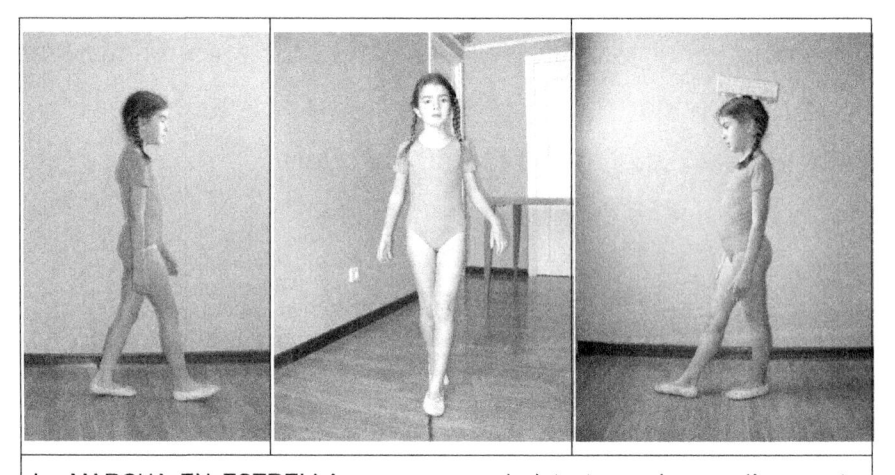

La MARCHA EN ESTRELLA aparece cuando intenta caminar en línea recta hacia delante y detrás con los ojos cerrados. La REDUCCIÓN DE LA BASE DE SUSTENTACIÓN se observa al caminar sobre una línea o sobre una cuerda extendida en el suelo. La ESTABILIDAD DEL EJE MEDIO se comprueba al caminar con un objeto sobre la cabeza sin que se caiga.

Una exploración que nos puede proporcionar una valiosa información sobre el mal funcionamiento del Sistema Vestibular es la aparición de Marcha en Estrella, al intentar caminar en línea recta hacia delante y hacia detrás, con los ojos cerrados.

En lugar de desplazarse sobre la misma línea se producen continuas desviaciones durante la marcha y describe en el suelo un trazado similar a una estrella.

4. **Reacciones de Equilibración.** Son difíciles de valorar ya que solo aparecen con el desequilibrio que se puede provocar con los cambios posturales y desplazamientos sobre una superficie inestable, observar si cuando se desequilibra las reacciones de equilibración son adecuadas y permiten volver a equilibrarse. Hay tres tipos de Reacciones de Equilibración:

- Inclinación del Eje Medio Corporal para recuperar la perpendicularidad con la superficie de apoyo.
- Movimientos Distales de Brazos para redistribuir el peso del cuerpo alrededor del Eje Medio.
- Apertura de la Base de Sustentación para poder desplazar el Eje Medio de un pie a otro al separarlos.

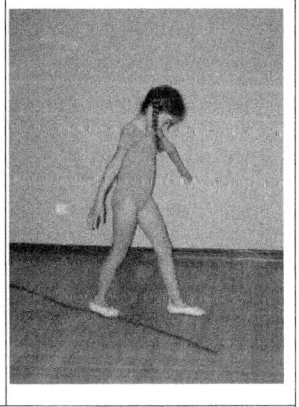

REACCIONES DE EQUILIBRACIÓN. Son tres inclinaciones de eje medio corporal, movimientos distales de brazos y apertura de la base de sustentación.

5. **Coordinación Dinámica**. Subir y bajar de forma alternativa uno y otro píe a un escalón, primero de forma sucesiva (sube baja uno, después sube baja otro) y de forma simultánea (sube pie izquierdo y baja el derecho al mismo tiempo y a continuación sube el derecho y baja el izquierdo también al mismo tiempo).

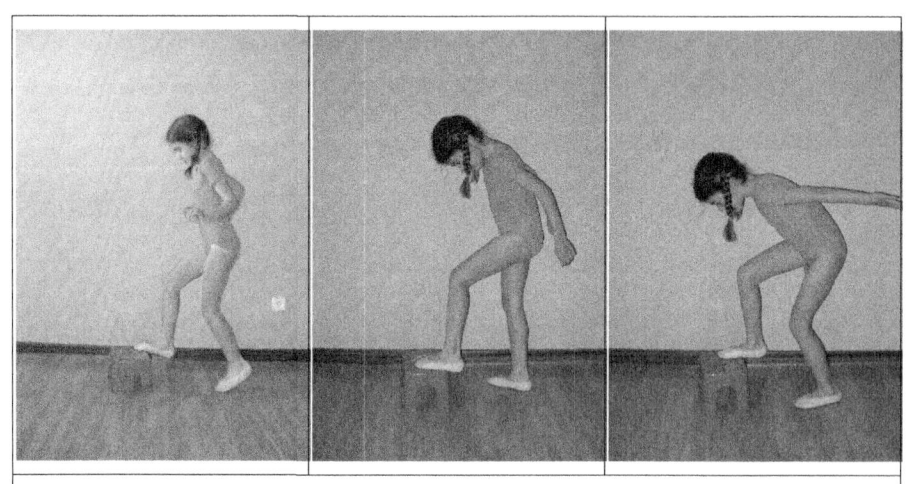

MOVIMIENTOS SIMULTÁNEOS. Un pie en el suelo y otro encima de un escalón o taco de psicomotricidad, en la misma acción cambiar de pie. Después repetir varios cambios al ritmo que marque el examinador con palmadas o un instrumento.

6. **Función Cerebelosa**. Debido a la importancia que tiene el Cerebelo en el control del equilibrio es conveniente, ante la sospecha de que haya alguna alteración, realizar una valoración específica de la función cerebelosa. Si hay un mal funcionamiento del cerebelo puede afectar al equilibrio, a la marcha y a la coordinación de movimientos que se manifiesta, además de pérdida de equilibrio y la ataxia descrita, con temblor intencional, adiadococinesia y dismetría.

El DESEQUILIBRIO se valora, inmóvil con los pies juntos y los ojos abiertos y después con los ojos cerrados, Prueba de Romberg. Inmóvil con los pies alineados y sobre la punta de los pies.

La ATAXIA es un trastorno de la marcha que, cuando se debe a una disfunción del cerebelo, se presenta como la Marcha de Borracho, así denominada por la similitud que tiene con la embriaguez ya que en esta los que se produce es una intoxicación etílica del cerebelo con el característico desequilibrio al andar.

El TEMBLOR por disfunción del cerebelo es intencional, aparece al hacer un movimiento voluntario como al coger un vaso de agua y llevarlo a la boca, a diferencia del temblor en reposo, que aparece cuando no se hace ningún movimiento voluntario, que es por disfunción del sistema extrapiramidal.

La DIADOCOCINESIA es un movimiento rápido de prono-supinación del antebrazo, con el brazo en flexión, dejando pasiva la mano. El resultado es un movimiento de la mano pasivo rítmico y coordinado. Al hacerlo simultáneamente se puede observar más pasividad y ritmo más regular en la mano dominante. La imposibilidad de realizar este movimiento se denomina Adiadococinesia y lo que manifiesta es una deficiente coordinación por dificultad para disociar los dos segmentos corporales de naturaleza cerebelosa.

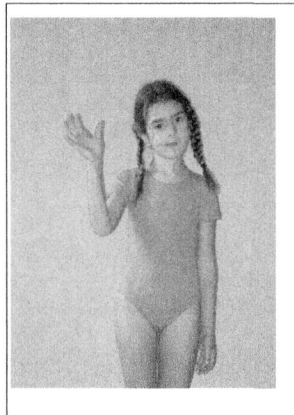

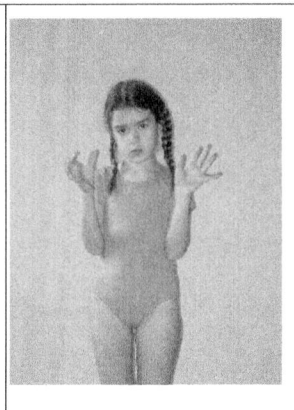

ADIADOCOCINESIA. Es la imposibilidad para realizar un movimiento del antebrazo, dejando pasiva la mano para que los dedos se muevan libremente, de forma rápida y coordinada. Si hay un mal funcionamiento del cerebelo no puede disociar la acción motora del antebrazo y la pasividad de la mano y los dedos. Se valora en un brazo, en otro y en los dos a la vez, con ojos abiertos y cerrados.

La DISMETRÍA es un movimiento exagerado para el fin que persigue que afecta a la eficacia de la acción y compromete a la coordinación óculo manual y a la coordinación óculo pedal. También es debido a una afectación del cerebelo y para identificar una dismetría se pueden utilizar varias pruebas de coordinación como Dedo-Nariz, Talón-Rodilla o Dedo-Dedo.

En la Prueba Dedo-Nariz, que se realiza con la niña de pie o sentada, tiene que tocar con la punta del dedo índice la punta de la nariz repetidas veces con una mano, con la otra y con las dos manos a la vez, primero con los ojos abiertos y después con los ojos cerrados, Hay que observar si realiza el movimiento con precisión para tocar con la punta del dedo la punta de la nariz, si no atina en la coordinación o si tiene que hacer alguna corrección con la mano para atinar.

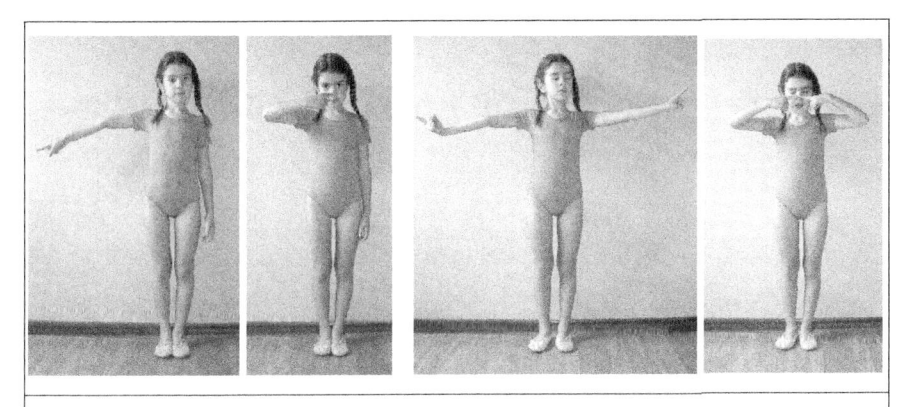

PRUEBA DEDO NARIZ. De pie con el brazo extendido, flexionar el codo para tocar, repetidas veces, con la punta del dedo índice la punta de la nariz, con una, con la otra mano y con las dos simultáneamente

En la Prueba Talón-Rodilla, sentada con las piernas colgando, tiene que tocar con el talón de un pie a la rodilla contraria y descender sin dejar de tocar el reborde tibial anterior

En la Prueba Dedo-Dedo de pie o sentada, brazos en flexión pegados al tronco y dedos índices extendidos frente al examinador en la misma postura. Abrir los brazos y recuperar la posición para coincidir con los dedos del examinador.

6. **Función Vestibular**. Participa en el equilibrio y en la posición de la cabeza en el espacio. Si hay un mal funcionamiento se puede detectar con la Prueba de Romberg con inclinación de la cabeza sobre uno y otro hombro y con la Marcha en Estrella al caminar hacia delante y hacia detrás en línea recta con los ojos cerrados..

# EXPLORACIÓN DE LA COORDINACIÓN

La alineación del aparato locomotor es un aspecto, como ya hemos visto, que se debe valorar, y derivar a un especialista si se observa alguna alteración significativa, antes de realizar la exploración de los patrones locomotores fundamentales de marcha, carrera y salto.

Para valorar el grado de madurez de los patrones locomotores fundamentales hay que observar aspectos como la apertura de la base de sustentación en la marcha (que puede ser causante de un excesivo balanceo del eje medio), la participación de los brazos y la amplitud de la zancada en la carrera (en los que ninguno de los pies toca el suelo) y en el salto la fase de vuelo (el alcance y la simetría en el despegue y en el aterrizaje).

Son indicadores de un buen grado de la madurez y de la automatización de los patrones locomotores de marcha, carrera y salto el uso el patrón cruzado durante la marcha, la fase de vuelo durante la carrera (zancada) y la capacidad para encadenar a una serie de saltos con los pies juntos. Otro aspecto conveniente de explorar es la capacidad de alternar los pies al subir y bajar escaleras y si lo hace suelto o si va sujeto al pasamano.

1. **Patrón de marcha**. La marcha es un patrón locomotor en el que, igual que ocurre en la carrera, la construcción del Eje Medio Corporal se transfiere, de forma alternativa, de un pie a otro en la misma dirección del desplazamiento. La valoración de la marcha se observa al caminar hacia el examinador:
   - Actitud postural y simetría corporal
   - Estabilidad del eje medio y si hay un balanceo exagerado
   - Alineación de las piernas y si hay superposición de rodillas
   - Pie que impulsa y pie que apoya, si están volcados hacia dentro o fuera.
   - Basculación de la cadera y altura de las crestas iliacas.
   - Balanceo contralateral de los brazos durante la marcha.
   - Si los brazos participan en el reparto de fuerzas alrededor del eje medio.

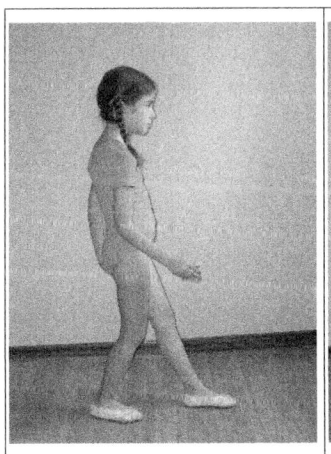

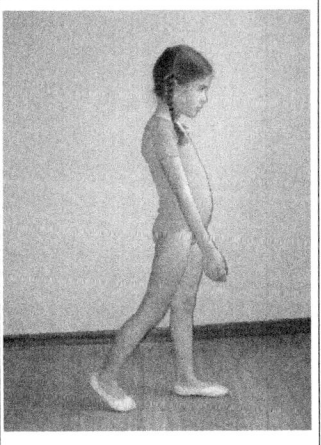

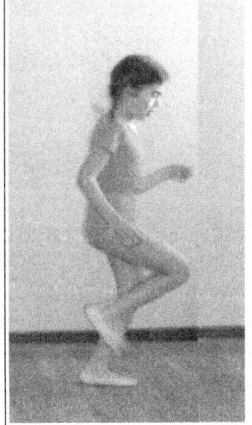

PATRÓN DE MARCHA. Para el desplazamiento es necesario que el peso del cuerpo se desplace de una pierna a otra de forma alternativa. PATRÓN DE CARRERA los brazos participan con un patrón contralateral con las piernas.

2. **Patrón de carrera**. La carrera es un patrón locomotor también alternativo pero, a diferencia de lo que ocurre en la marcha, en la etapa madura, hay una fase de vuelo en la que no hay ningún píe en contacto con el suelo. El patrón de carrera se afianza entre los tres y diez años y se perfecciona técnicamente desde los diez a los dieciséis años.

Las fases del patrón de carrera son amortiguamiento (el pie adelantado toma contacto con el suelo), sostén (el centro de gravedad está sobre la vertical del pie de apoyo en contacto con el suelo), impulso (el centro de gravedad se desplaza por delante de pie de apoyo para propulsar el cuerpo en el sentido de la carrera) y suspensión (el pie de apoyo se despega del suelo y en la zancada describe una parábola durante la fase de vuelo). En la carrera se observa:

- Alineación y simetría.
- Participación de los brazos.
- Fase de vuelo.
- Amplitud de la zancada.

Hay que observar si el balanceo de brazos facilita el impulso y si en la zancada hay una fase de vuelo en la que ningún pie toca el suelo. Es importante valorar el grado de madurez con la velocidad de carrera, resistencia y ritmo de la respiración

La diferencia entre la marcha y carrera, en la primera siempre hay un píe en contacto con el suelo y en la segunda hay una fase de vuelo en la que ningún pie apoya en el suelo.

En la marcha la participación de los brazos es sólo para redistribuir el peso del cuerpo alrededor del eje medio y mejorar la equilibración, mientras que la participación de los brazos en la carrera es, además, para favorecer el impulso, aumentar la velocidad de carrera y mejorar la locomoción.

3. **Patrón de salto**. El salto con los pies juntos es un patrón locomotor simultáneo, los dos pies se deben despegar a la vez en el impulso y tocar a la vez el suelo en el aterrizaje. En la valoración del salto con los pies juntos se observa

- Flexión de la piernas en el despegue
- Simultaneidad en el impulso
- Alcance del vuelo
- Simetría en el aterrizaje
- Reacción postural contra impulso.
- Capacidad de encadenar una serie de saltos

La capacidad de encadenar una serie de saltos (con los pies juntos, con los pies separados y alternando saltos con los pies juntos y con los pies separados) es un indicador del grado de la automatización del patrón de salto que a su vez son indicadores de un patrón maduro de salto.

El Salto precedido de carrera, por el contrario, es un patrón asimétrico en el impulso, se hace sobre el último pie de apoyo, normalmente pie el dominante, y el aterrizaje debe ser simultáneo y simétrico.

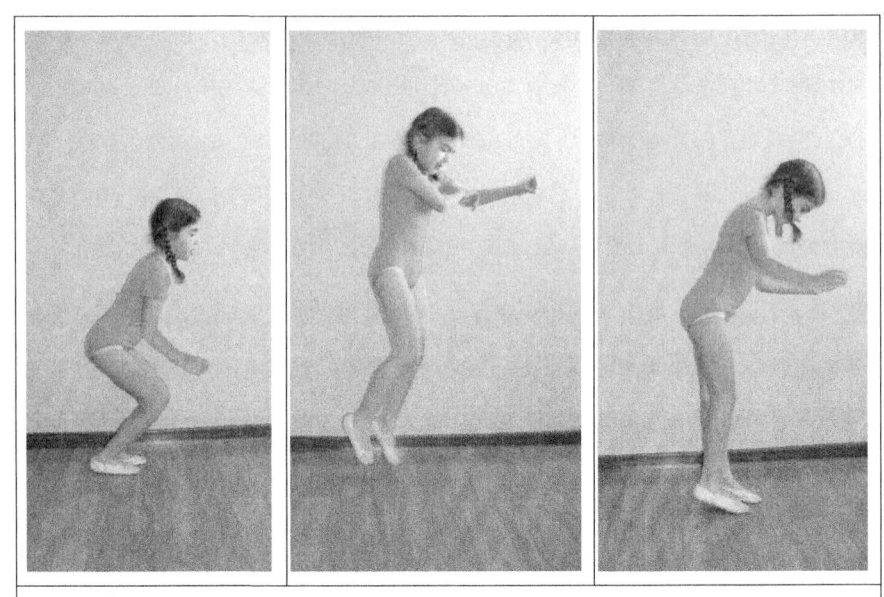

PATRÓN DE SALTO. El IMPULSO tiene que ser simétrico y que los pies se despeguen del suelo al mismo tiempo. En el VUELO medir el alcance del salto y la participación de los brazos en impulso y al equilibrarse. El ATERRIZAJE tiene que ser simétrico y que los pies tomen contacto con el suelo a la vez.

4. **Coordinación Dinámica**. Para completar la valoración de la locomoción se explora cómo sube y baja por una escalera. Observar si alterna los pies poniendo uno en cada escalón o si por el contrario pisa cada escalón con los dos pies, si se sujeta al pasamano o si manifiesta miedo al subir o al bajar.

Después valorar si puede coordinar subir y bajar, de forma alternativa, uno y otro píe a un escalón, primero de forma sucesiva (sube y baja uno y después sube y baja el otro) y después de forma simultánea (sube pie izquierdo y baja el derecho, al mismo tiempo, y a continuación sube el derecho y baja el izquierdo, también al mismo tiempo).

# IV. EXAMEN DE LAS ACTIVIDADES PERCEPTIVOMOTORAS

La automatización de las actividades perceptivomotoras o actividades motrices de base (tono muscular, equilibrio y coordinación), de control subcortical, permite a la corteza cerebral centrar la atención en los procesos de naturaleza perceptiva.

Mientras no se automatiza la marcha la atención se centra en no caer pero cuando se automatiza el control del equilibrio y la regulación del tono muscular, mientras camina, puede centrar la atención en otras actividades mentales superiores.

Dicho de otra forma el desarrollo neuromotor (automatización) es necesario para favorecer el desarrollo psicomotor (perceptivo y práxico). La exploración de las actividades perceptivo-motrices es de utilidad para evaluar cómo la niña se percibe a sí misma y al mundo que le rodea. Al referirnos a las actividades perceptivomotoras estamos hablando de lateralidad, estructuración espacial, percepción temporal, integración polisensorial e imagen corporal.

La **LATERALIDAD** hace referencia a la diferencia entre los hemisferios cerebrales y a sus funciones, de modo que un hemisferio es sintético y se ocupa de los procesos viso espaciales otro es analítico y se ocupa de los procesos audio temporales. Este último es el responsable de la dominancia manual, sea diestro o zurdo, y del lenguaje ya que la secuenciación motora, temporalización del acto motor, es la base de la manipulación y de la articulación del lenguaje. Debido a que los hemisferios cerebrales tienen un control cruzado del movimiento (decusación de las pirámides bulbares) en las personas diestras el hemisferio temporal es el izquierdo y el espacial el derecho y en las personas zurdas al contrario.

Un concepto distinto y muy relacionado es LATERALIZACIÓN que hace referencia al proceso por el que se afianza la Lateralidad, dominancia de los hemisferios cerebrales para determinadas funciones como la manipulación. La lateralidad es genética y la lateralización ambiental aunque en el momento del nacimiento no es ni diestra ni zurda ya que la lateralización es un proceso que se define durante

MANO DOMINANTE

los primeros años de vida y, en consecuencia, un indicador

madurativo de primer orden. Pocos aspectos tienen tanta importancia para valorar el desarrollo psicomotor como el afianzamiento de la dominancia de un hemicuerpo para realizar actividades monomanuales y monopedales.

La lateralidad, inicialmente, es una actividad neuromotriz y la experiencia corporal, con una y otra mano y pie, coordinación óculomanual y óculopedal, permite percibir que con una mano o con un pie los resultados son mejores. Cuando percibe la diferencia pasa a ser una actividad perceptivomotora. Hay algunos conceptos que es conveniente aclarar.

LATERALIDAD NO DEFINIDA cuando aún no ha lateralizado y utiliza, de forma indistinta, una mano y otra. Para percibir la diferencia funcional entre ellas es preciso que tenga un nivel madurativo que le permita apreciarlos resultados. Determinar la dominancia lateral antes que se afiance es algo tremendamente delicado por lo que es conveniente ser muy cauto. Por tanto, antes de lateralizar, cuando no está claro si la dominancia lateral es derecha o izquierda se habla de una Lateralidad No Definida.

LATERALIDAD DEFINIDA cuándo, después de experimentar con una y con otra mano (también pie pero es menos evidente), la expectativa de resultados y el afán de superación propicia que afiance una mano (y un pie) como dominante, ya sea derecha o izquierda. Cuando tenemos certeza que es Diestra o Zurda se habla de Lateralidad Definida.

La única diferencia funcional entre el zurdo y el diestro se debe a que, al ser alrededor del noventa por ciento de la personas son diestras, los utensilios y herramientas están diseñadas para diestras y las personas zurdas tienen más dificultad para utilizarlas. Esta circunstancia las ha obligado a adaptarse continuamente a un entorno diseñado para diestros en tareas cotidianas como utilizar un abrelatas, manejar o unas tijeras, girar el pomo de una puerta. Cada vez hay más útiles y herramientas diseñadas para zurdos aunque no se puede adaptar la direccionalidad de nuestra escritura.

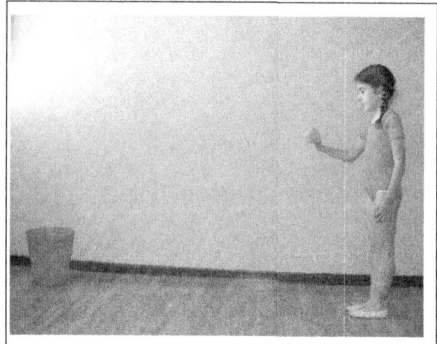

PRUEBA COMBINADA DE DOMINANCIA MANUAL. Se le pide que lance varias veces una pelota para encestar en una canasta para ver qué mano elige y después se le pide que lance con la otra mano. Si la que elige obtiene mejores resultados es la mano dominante.

LATERALIDAD CONTRARIADA cuando la lateralización es distinta a la lateralidad natural. En el caso de la lateralidad no definida hay que tener precaución para no contrariar la dominancia natural que, con más frecuencia, se trata de un Zurdo Contrariado que lateralizan como diestros, bien por presiones del entorno o por imitar a la mayoría.

Si se sospecha que la dominancia lateral es izquierda es conveniente buscar en la familia antecedentes de zurdería, sea definida o contrariada. En ocasiones los zurdos contrariados pasan por Ambidiestros o Ambidextros ya que al lateralizar como diestros usan con habilidad el hemicuerpo derecho que han entrenado y el hemicuerpo izquierdo que es el dominante fisiológico.

Aunque pueda parecer una ventaja utilizar con habilidad ambos hemicuerpos es en realidad un inconveniente ya que el zurdo contrariado (predisposición dominancia izquierda y lateralización derecha, por lo general de la mano), además de presentar con frecuencia dificultad para reconocimiento de la derecha y la izquierda en su cuerpo y, consecuentemente, desorientación espacial derecha-izquierda, le obligamos a realizar las actividades que requieren mayor destreza con la mano menos dotado para ello por lo que los resultados siempre serán peores que si hubiesen utilizado la mano más hábil, en su caso, la izquierda.

AMBIDEXTRISMO O AMBIDIESTRISMO, desde el punto de vista evolutivo, no tiene sentido ya que el niño/a tiene que ser diestro o zurdo y, después, habitualmente por cuestiones profesionales o deportivas, puede alcanzar un mayor grado de especialización con la mano o pie no dominante. Todas las personas, diestras o zurdas, tienen un hemisferio cerebral dominante para la secuenciación temporal del movimiento.

Si que para realizar una actividad se necesita una sola mano no tiene sentido especializar las dos sino, es más conveniente, dedicar el esfuerzo en mejorar la habilidad con la mano dominante y utilizar la otra como mano auxiliar. Un pintor no será mejor porque utiliza indistintamente una y otra mano para pintar o por cambiar de mano con utiliza el pincel.

Hay actividades especializadas que sí precisan el uso de las dos extremidades con habilidad como pueden ser las manos de un pianista, de un guitarrista, de un cirujano o los pies de un futbolista pero hasta en esos casos hay un mano dominante y otra auxiliar.

Se puede decir que hay un Ambidiestro natural que es un diestro o un zurdo que, por necesidad laboral o deportiva, maneja con destreza la mano no dominante y un Ambidiestro forzado que es, habitualmente, un zurdo al que se ha obligado ha realizar las actividades mono segmentarias con la mano derecha que es la no dominante.

LATERALIDAD CRUZADA cuando una persona no utiliza el hemicuerpo dominante de forma homogénea. Al explorar la dominancia lateral, con una prueba de elección como el Test de Harris, se propone realizar distintas actividades con una mano, un pie, un ojo y para un oído (esta última no la incluye Harris) y no elige siempre el hemicuerpo del mismo lado.

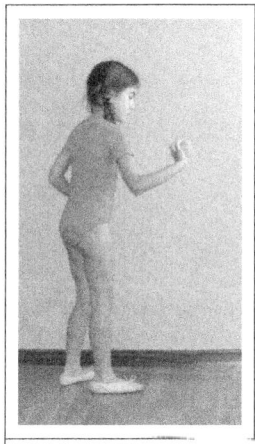

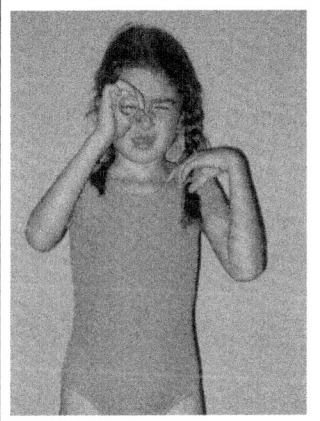

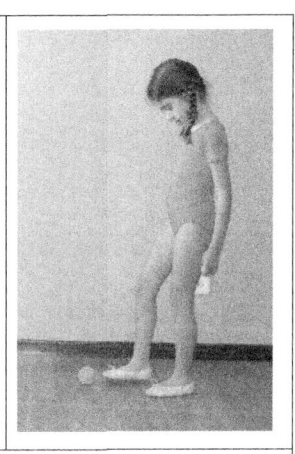

TEST DE HARRIS. Prueba de elección que se propone que realice una serie de actividades con una mano, un pie y un ojo para ver cuál elige.

Hay que ser cauto en la interpretación de los resultados ya que puede que se trate de una lateralidad no definida o de una elección condicionada por distintos motivos como el déficit visual no detectado de un ojo o algo similar en un oído.

La elección de un pie también puede estar condicionado por un determinado o por hábitos adquiridos condicionados por el entorno. Hay hábitos de uso como, por ejemplo, saltar sobre un pie está condicionado por la práctica habitual de fútbol ya que puede saltar sobre la pierna no dominante para dejar la dominante libre para patear el balón.

Es frecuente encontrar niños y niñas que escriben y utilizan el cubierto con la mano derecha mientras que las actividades espontáneas las hacen con la mano izquierda. Estos casos nos pueden hacer sospechar que se trata de zurdería contrariada y que la dominancia natural es izquierda.

En ese caso, como mencionamos con anterioridad, habría que buscar antecedentes familiares de zurdería definida, contrariada o falso ambidiestrismo. En cualquier caso es conveniente contrastar los resultados con alguna prueba de destreza que explicaremos más adelante.

LATERALIZACIÓN DEL ACTO MOTOR. Para que el niño/a lateralice necesita querer hacer bien las actividades mono segmentarias, darse cuenta de la parte del cuerpo con que las hace mejor, generalizar la elección de esa parte para realizar las actividades que entrañan cierta dificultad y afianzarse como parte dominante.

Al ser la lateralización un proceso perceptivo es preciso que se de cuenta de la diferencia en la ejecución y que identifique, consciente o inconscientemente, la mano o el pie con que obtiene mejores resultados.

El trabajo del educador es llevar al niño/a a esa reflexión a la hora de elegir un hemicuerpo y nunca sugerir, y menos imponer, con qué parte tiene que realizar una actividad.

Cuando se usa indistintamente una u otra mano se interpreta que no tiene el nivel madurativo suficiente para que se exija perfección y aún debe experimentar con una y otra mano.

En el balance psicomotor la lateralización marca el final de la etapa Neuromotora (donde predomina la automatización motora) y el inicio de la Perceptivomotora (donde predomina la organización de las percepciones).

Para que el niño/a lateraliza necesita un nivel madurativo que le permita percibir la diferencia en la ejecución de las actividades y elegir el hemicuerpo con que tiene más destreza para realizarlas, sin importar si es derecho o izquierdo. Antes que el niño/a se defina como diestro o zurdo la lateralidad es una actividad neuromotriz y utiliza de forma indistinta un hemicuerpo u otro, para pasar después a ser una actividad perceptivomotora en la que percibe la diferencia en la ejecución y utiliza en las actividades monomanuales o monopedales la parte que maneja con más destreza o, mejor dicho, habilidad dado que destreza deriva de diestro y puede tener la misma habilidad un zurdo y un diestro.

La **ORGANIZACIÓN ESPACIAL** es un proceso perceptivo y activo de construcción que nos permite situarnos, orientarnos, organizarnos para actuar y representar, imprescindible para el desarrollo intelectual. El niño en su desarrollo explora el espacio primero con la boca, después con las manos y finalmente con la vista.

En el balance psicomotor se evalúan los distintos niveles de construcción del espacio, partiendo de aspectos subjetivos para llegar a los aspectos objetivos. Para saber la percepción que tiene vamos a valorar:

- ESPACIO TOPOLÓGICO es el que se vive afectivamente.
- ESPACIO PROYECTIVO es el que se organiza para actuar.
- ESPACIO EUCLIDIANO es el que se mide y se representa.

Para valorar la percepción que tiene del **Espacio Topológico**, que es subjetivo y adireccional, observamos cómo se comporta en un espacio cerrado y en un espacio abierto, si hace un uso correcto del espacio que ocupa o si se inhibe en él. En este nivel de construcción del espacio, de cero a tres años, integra los conceptos: lejos y cerca, junto y separado, dentro y fuera, abierto y cerrado.

Para el **Espacio Proyectivo**, que es objetivo, valoramos el conocimiento que tiene de los conceptos espaciales básicos y si ha adquirido la noción de perspectiva o punto de vista. Este espacio lo construye la niña a partir de la integración del eje medio corporal ya que al afianzar la verticalidad el espacio adireccional se convierte en un espacio dual. En este nivel de construcción del espacio, de tres a ocho años, integra los conceptos de arriba y abajo, delante y detrás, a un lado y a otro y, después de lateralizar, izquierda y derecha.

Para el **Espacio Euclidiano**, también objetivo, valoramos el uso que hace de las medidas corporales y la capacidad que tiene de representación gráfica del espacio. En este nivel de construcción del espacio, a partir de los tres años, empieza el uso de medidas corporales como pasos, pies y cuartas, el uso de instrumentos de medida como regla y metro y, a continuación, la representación gráfica como geometría, plano y sistemas de coordenadas cartesianas (por ejemplo en el juego de los barquitos).

La **PERCEPCIÓN TEMPORAL** la adquiere el niño/a a partir de la vivencia corporal del desplazamiento, en concreto, cuando compara distintas velocidades de desplazamiento y percibe que corriendo llega antes que andando.

El espacio lo percibe el niño/a desde el momento del nacimiento sin embargo con el tiempo no ocurre lo mismo ya que, mientras el espacio de la cosas existe, el tiempo es una convención cultural.

Los minutos, los días o los meses son abstracciones, conceptos creados por las distintas culturas para medir ciclos naturales o periodos. El presente es lo único real ya que el futuro es una estimación y el pasado un recuerdo de los acontecimientos ocurridos ya que el recuerdo del tiempo sólo tiene sentido por lo que ocurrió.

Espacio y tiempo son percepciones complementarias y en íntima relación con las funciones de los hemisferios cerebrales. Mientras el espacio es un concepto estático el tiempo es un concepto dinámico, así el espacio es algo instantáneo captado en el tiempo y tiempo es el espacio en movimiento.

El tiempo se puede entender como la forma de medir el espacio recorrido y de calcular el espacio por recorrer hasta el punto que las unidades de espacio, recorridos a una velocidad constante, se convierten en unidades de tiempo.

La percepción del tiempo incluye aspectos métricos, relacionados con la velocidad de la acción y con la interrupción de esta, como son la frecuencia, el intervalo o la duración, y aspectos no métricos, relacionados con el orden y con la coincidencia de los acontecimientos, como son la sucesión o la simultaneidad.

Desde el punto de vista métrico es tiempo hay que entenderlo como un sistema de regulación de la acción, cuando se tiene que adaptar a un ritmo externo o autorregulación cuando se interioriza el control temporal del movimiento.

La capacidad de inhibición motora es imprescindible para el control del movimiento y al mismo tiempo un indicador madurativo de primer orden. Para ello tiene que adaptar la acción y el desplazamiento a un ritmo lento o a un intervalo en el que con la interrupción del ritmo tiene que cesar el desplazamiento,

Aspectos como la frecuencia, el intervalo y la secuencia son aspectos que hay que tener en cuenta a la hora de explorar la percepción temporal ya que están íntimamente relacionados con la capacidad de inhibición motora. Si se observa que no respeta el intervalo o que se precipita en los ritmos lentos nos pueden indicar deficiente control inhibitorio.

La **IMAGEN CORPORAL** quizás sea el aspecto más importante y, también, el más controvertido del desarrollo psicomotor tanto en su significado como en su denominación.

Entre los distintos términos empleados, además de imagen corporal, se le denomina esquema corporal, esquema postural, imagen espacial del cuerpo, auto representación del organismo, auto concepto o auto psique.

Entre todos estos términos quizás sean los de esquema corporal e imagen corporal los que más aceptación tienen, aunque cada uno con matices propios ya que el esquema corporal se refiere esencialmente a lo que es biológico, en relación con la postura y la referencia de movimientos, mientras que el término imagen del cuerpo tiene una perspectiva psicodinámica.

Mientras el esquema corporal es en parte inconsciente pero también consciente, la imagen corporal es eminentemente inconsciente y, tanto uno como otra, resultado de las experiencias vividas o imaginadas.

Las experiencias, a nivel sensoriomotor, de la relación entre el individuo y el medio, proporciona la información para el conocimiento del cuerpo, de sus posibilidades motrices y de sus limitaciones, en el espacio y en la relación con los objetos que lo rodean.

La construcción de la Imagen Corporal es, por tanto, un proceso activo, constantemente retomada, con tres niveles de integración: el cuerpo vivenciado a nivel neuromotor es el que experimenta, el cuerpo percibido a nivel perceptivomotor es el que se interioriza y el cuerpo representado a nivel práxico es el que se organiza para actuar a partir de la experiencia y el conocimiento, consciente e inconsciente, de sí mismo y del mundo que lo rodea.

La Imagen Corporal es un concepto dinámico que se construye durante la infancia y se va modificando a lo largo de toda la vida como resultado de los acontecimientos experiencias y de los avatares. La falta de experiencias corporales, las experiencias traumáticas, la frustración o la sobreprotección condicionan de forma negativa la construcción de la imagen corporal.

La mala construcción de la imagen corporal se manifiesta con una percepción irreal del propio cuerpo, de sus posibilidades y de sus limitaciones. Por un lado puede generar una Imagen Corporal Devaluada, con falta de confianza en las posibilidades motrices que, si no se corrige, puede provocar falta de confianza en sí mismo o, en el otro extremo, generar una Imagen Corporal Sobrevalorada, sin de percepción de las limitaciones y que puede provocar conductas temerarias sin miedo al peligro.

La **INFORMACIÓN SENSORIAL** procede del mundo exterior o exteroceptiva la percibimos a través de los sentidos. No incluye aquí la sensibilidad cenestésica, procedente del propio cuerpo o propioceptiva, sobre posiciones y desplazamientos, de lo que informa el sistema vestibular del oído interno, los músculos y las articulaciones.

La información procedente del mundo exterior se refiere a la percepción visual, auditiva, táctil, gustativa o olfativa. En todos los casos indispensable para configurar una percepción global del mundo que nos rodea.

La experiencia corporal favorece la automatización de los patrones neuromotores y posibilita la percepción de la mano que tiene más habilidad, la percepción del espacio en el que actúa y del tiempo que regula la acción, la percepción del propio cuerpo con sus posibilidades y limitaciones y la percepción sensorial del entorno.

# EXPLORACIÓN DE LA DOMINANCIA LATERAL

La dominancia lateral se define cuando la niña alcanza un nivel madurativo suficiente para percibir la diferencia en la ejecución de una actividad de precisión cuando la realiza con un hemicuerpo y con el otro. Esa percepción se produce, si no hay ninguna desviación del desarrollo normal, entre los tres y los cinco años de edad.

La finalidad de la exploración de la dominancia lateral es corroborar que la niña es diestra o zurda, si está definida, o pronosticar si se va a convertir en diestra o zurda cuando se defina la lateralidad.

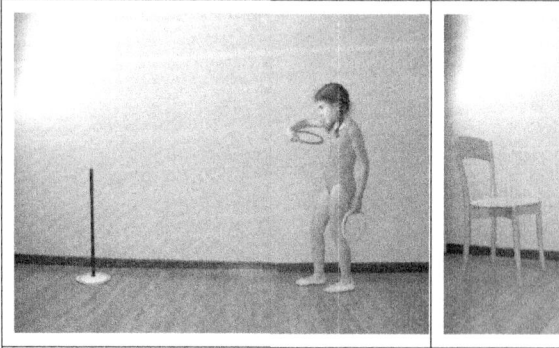

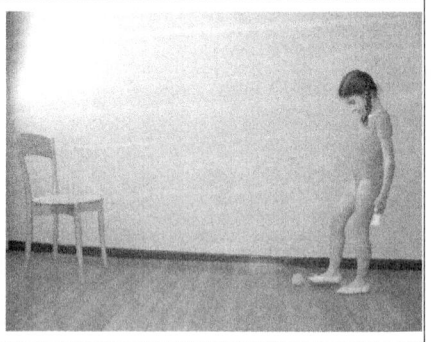

PRUEBA DE ELECCIÓN DE DOMINANCIA LATERAL. Se le pide que realice alguna actividad con una mano o con un pie para ver cuál elige para hacerla.

PRUEBA DE DESTREZA DE DOMINANCIA LATERAL. Se le pide que realice alguna actividad de precisión con una mano o con un pie y después con el otro lado para ver con cual de ellos obtiene mejores resultados.

Para realizar la valoración de la dominancia lateral se pueden utilizar dos tipos de pruebas o una combinación de ambas:

Prueba de Elección, en las que se le proponen distintas actividades para ver que hemicuerpo elige para realizarlas.

Prueba de Destreza, en las que se proponen distintas actividades para que realice con un hemicuerpo y con otro y se cuantifican para ver con cual obtienen mejores resultados.

1. **Coordinación Óculo Manual.** La coordinación viso segmentaria, en concreto la coordinación óculo manual, es una actividad neuromotora que habría que valorar con la coordinación general de movimientos pero la vamos incluir como parte de la valoración de la lateralidad por motivos operativos.

La diferencia fundamental entre una y otra es que para valorar la lateralidad se proponen actividades para una sola mano y para la valoración de la coordinación óculo manual se proponen actividades de lanzar y recoger para las dos manos.

Prueba de lanzar con las dos manos una pelota grande o un balón, primero desde detrás de la cabeza, como un saque de banda de fútbol, y después desde el pecho, como un pase de baloncesto. Se le pide que lance lo más lejos posible y a una caja o a una canasta para valorar el alcance del lanzamiento y la precisión para colar la pelota en la caja, el mejor de tres intentos.

Prueba de recoger o atajar con las dos manos una pelota grande o un balón que le lanzamos desde frente o hacia arriba para que lo recoja en la caída antes de que llegue al suelo. Se valora si tiene un patrón maduro e intercepta con las manos la pelota por el aire durante el recorrido con seguridad o si, por el contrario, titubea o pone las manos para esperar que llegue la pelota y la tiene que coger contra su cuerpo. Un indicador de inmadurez en el patrón de recoger o de atajar es que cierre los ojos cuando le lanzamos la pelota.

COORDINACIÓN ÓCULO MANUAL. Lanzar una pelota con las dos manos. Recoger una pelota que le lanzamos con las dos manos.

Una deficiente coordinación óculo manual puede ser debida a una falta de experiencia corporal, sin más trascendencia, pero si se asocia a una dismetría de brazos o de piernas (prueba de dedo nariz y talón rodilla) puede ser un signo de alerta de un posible trastorno de la función cerebelosa.

2. **Pruebas de Elección**. En las pruebas de elección se proponen distintas actividades para ver que parte del cuerpo elige para resolverlas. Se supone que se elige la parte que mejor utiliza y esa es, por tanto, la dominante. Clásicamente se han propuesto cuatro tipos de pruebas: para la mano, para el pie, para el ojo y para el oído.

Observar la mano elige para lanzar una pelota pequeña e introducirla en una caja, el pie elige para impuso en un salto precedido de carrera, el ojo elige para mirar un objeto a través de un tubo o el oído elige para hablar por teléfono, nos puede servir para saber si la lateralidad está definida. Cuando todas las pruebas las hace con la misma parte del cuerpo se trata de Lateralidad Definida pero si unas las hace con una parte y otras con la otra hablamos de Lateralidad Cruzada.

Además de las pruebas que proponemos que realice es conveniente, si se tiene la ocasión, observar como realiza las actividades cotidianas. Con la mano que escribe o con la que coge la cuchara que suele ser la dominante así como el brazo que introduce primero al ponerse el babi o la pierna al ponerse el pantalón.

También hay que observar la mano principal y la mano auxiliar en las actividades bimanuales. La mano que sujeta el sacapuntas que es la auxiliar y la que hace girar el lápiz es la principal o la mano que sujeta el papel para recortar que es la auxiliar y la que maneja las tijeras que es la principal.

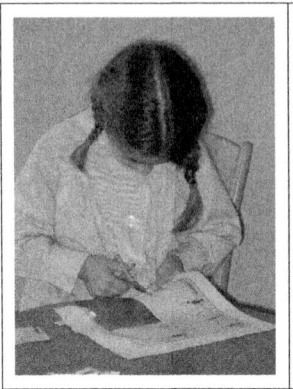

MANO PRINCIPAL Y MANO AUXILIAR. Observar cuál es la mano principal que ejecuta la acción y cuál es la mano auxiliar en actividades como recortar, dar cuerda a un juguete o ensartar bolas en un cordón.

3. **Pruebas de Destreza**. En las pruebas de destreza se proponen distintas actividades para hacer con una parte del cuerpo y después con la otra, se miden los resultados y se comparan entre sí. Es de suponer que si los resultados son mucho mejores con una parte, esa es la dominante. También aquí se proponen cuatro tipos de pruebas: para cada mano, para cada pie, para cada ojo y para cada oído.

Prueba de Destreza Manual. Medir con qué mano lanza más lejos una pelota pequeña o la introduce en una caja.

Prueba de Destreza Pedal. Medir con qué pie patea más lejos una pelota o la mete entre las patas de una silla

Prueba de Destreza Ocular. Valorar con qué ojo enfoca sirve para valorar la agudeza visual pero no la dominancia de ojo.

Prueba de Destreza Auditiva. Se usa la Escucha Dicótica para la dominancia de oído que se describe más adelante.

4. **Dominancia Manual**. Para valorar la dominancia manual se combinan pruebas de elección y destreza, primero se le propone alguna actividad monomanual, que entrañe cierta dificultad, para ver qué mano elige y después se le pide que la haga con la otra mano y se comparan los resultados. Si la mano que ha elegido es también con la que obtiene mayor número de aciertos se interpreta que es la mano dominante.

Las Pruebas de Elección del Test de Harris sobre lateralidad proponen imitar diferentes actividades cotidianas, sin objeto, similares a las que se relacionan a continuación:

- Lanzar una pelota pequeña
- Cepillarse los dientes
- Peinarse el cabello
- Sonarse la nariz
- Abrir con el pomo una puerta
- Cortar con una tijera
- Escribir o dibujar

Las Pruebas de Destreza, en las que se propone realizar diferentes actividades con cierto grado de dificultad con una y otra mano. Se anota la mano que elige primero y a continuación se comparan los aciertos con cada mano, con el mismo número de intentos. También se compara la rapidez con que realiza la actividad con una y otra mano. El número de intentos depende del tipo de actividad y de la edad del niño/niña.

Por lo general suele haber una diferencia significativa en la habilidad con que realiza las actividades de precisión cuando emplea la pinza, en el número de aciertos con una y otra mano y el tiempo que necesita para ejecutarlas.

Hacer una torre con bloques, por ejemplo, nos puede proporcionar información sobre la mano que elige primero, el número de tacos que puede apilar con cada mano y el tiempo que tarda en hacerlo con cada una de ellas.

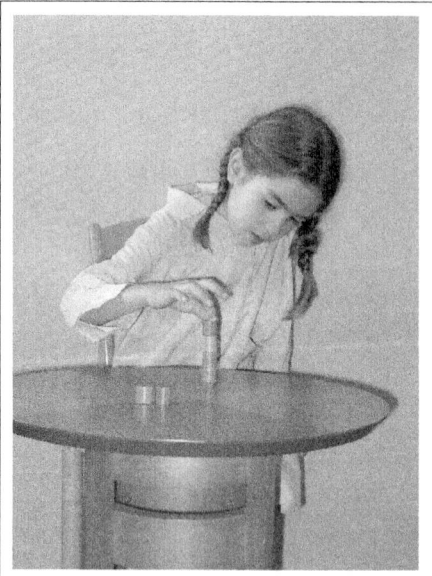

PRUEBA DE DOMINANCIA MANUAL. Qué mano elige primero para hacer una torre y comparar qué altura alcanza con cada mano y el tiempo que emplea.

A continuación proponemos algunas actividades con objeto que se pueden usar para la valoración, primero con la mano que elija y después con la otra mano, y medir y comparar los resultados obtenidos:

1. Lanzar una pelota pequeña lo más lejos posible.
2. Lanzar una pelota pequeña a una papelera o caja.
3. Botar una pelota grande el mayor número de veces.
4. Hacer una torre con tacos lo más alta posible.
5. Coger diez chinchetas por el pincho y meter en recipiente.
6. Hacer un trazo recto en un papel entre dos líneas.
7. Seguir con un lápiz una línea de puntos en un papel.

ELECCIÓN DE LA MANO DOMINANTE. Proponer actividades mono manuales para observar la mano que elige para hacerlas.

Las Pruebas Combinadas de Elección y Destreza en actividades bimanuales son interesantes para observar el uso de la mano auxiliar. Como en las anteriores se propone realizar diferentes actividades con cierto grado de dificultad para observar la mano elige como principal y cual como mano auxiliar. Después se propone que cambie las manos para hacer de nuevo la actividad para comparar los resultados.

8. Recortar una silueta y observar la mano que coge las tijeras y la que sujeta el papel. Comparar la precisión y el tiempo empleado.

9. Ensartar bolas en un cordón para hacer un collar con diez. Comparar el tiempo empleado al cambiar la mano principal que maneja la bola.

10. Engarzar en una cadena diez clips de papelería y después soltarlos. Comparar qué tiempo emplea en engarzar y en volver a soltarlos con una y otra mano.

11. Repartir una baraja de cartas infantiles en tres montones y observar la mano con que sujeta el mazo (auxiliar), con la que reparte (principal) y la dirección en que lo hace. Por lo general un diestro elige sujetar con la izquierda, repartir de izquierda a derecha y en menor tiempo que con las manos cambiadas.

Hay actividades que se realizan con las dos manos, una principal y otra auxiliar, que, al estar diseñada para diestros es difícil sacar conclusiones sobre cuál es la mano dominante, como ocurre por ejemplo al roscar el tapón de una botella.

**5. Dominancia Pedal**.

Para valorar la dominancia de la pierna también se utilizan pruebas combinadas de elección y destreza. Se le propone alguna actividad de cierta dificultad para ver qué pierna elige y después que la haga con la otra. Si la pierna elegida primera es la que obtiene mejores resultados es la pierna dominante.

Algunas Pruebas de Elección que se pueden proponer para observar cual es la pierna y el pie con que ejecuta la acción, que suele ser dominante, son:

1. Levantar una pierna.
2. Dar un paso de gigante.
3. Saltar a la pata coja.
4. Girar sobre una pierna.
5. Cruzar una pierna sobre otra, sentada.
6. Tocar con un talón la rodilla contraria, sentada.
7. Simular que se pone un pantalón.

Las Pruebas Combinadas de Elección y Destreza para valorar la dominancia de pierna se proponen diferentes actividades, para observar qué pierna y se comparan los resultados de la otra en actividades mono pedales como:

1. Patear una pelota grande lo más lejos posible.
2. Meter una pelota pequeña entre las patas de una silla.
3. Impulsar a la pata coja un teje como en la rayuela.

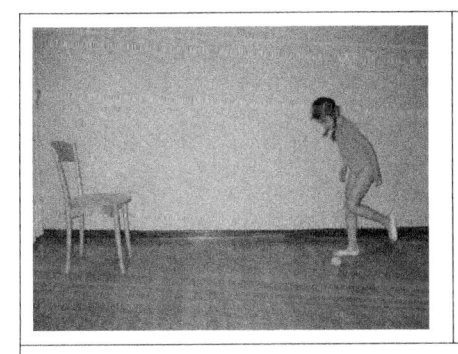

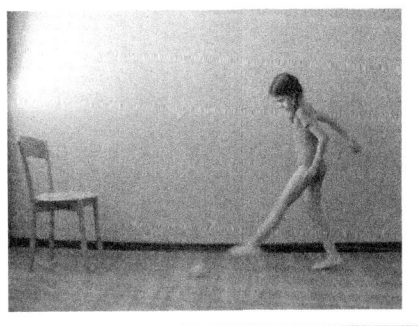

PRUEBA DE ELECCIÓN DE DOMINANCIA PEDAL. Patear una pelota entre las patas de una silla y observar el pié que elige y después que lance con el otro pié el mismo número de veces y comparar los aciertos.

## 6. Dominancia Ocular.

Para determinar cuál es el ojo dominante se utilizan, sobre todo, Pruebas de Elección ya que como hemos visto las pruebas de destreza con un ojo y con otro lo que valoran es la agudeza visual y no la dominancia ocular. Como en las valoraciones anteriores se proponen diferentes acciones para observar el ojo que elige, que se considera el dominante.

1. Mirar por un calidoscopio.
2. Mirar un objeto a través de un catalejo.
3. Mirar un objeto por un folio enrollado.
4. Mirar un objeto por un orificio en un papel (Sinting).

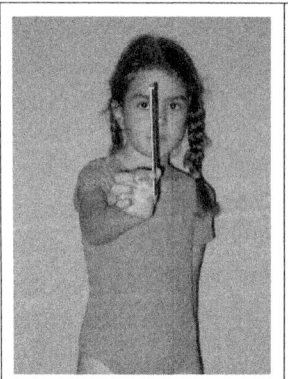

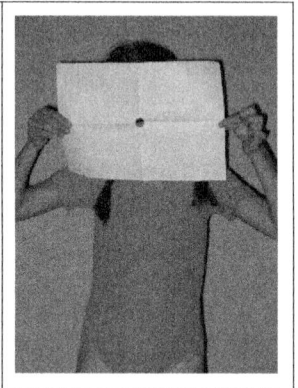

PRUEBA DEL LÁPIZ. Con los ojos abiertos y el brazo extendido sosteniendo un lápiz alinear con una arista vertical cerrar un ojo para ver si se desplaza.

PRUEBA DE SINTING Mirar un objeto a través de un orificio en un papel, con brazos extendidos al frente y que lo aproxime al ojo sin dejar de mirar al objeto.

La Prueba del Lápiz de H.Alder es la más parecida a las pruebas de destreza y sí puede informar sobre el ojo dominante aunque no se debe olvidar que puede estar condicionado por un déficit en la agudeza visual.

Con los dos ojos abiertos sostener un lápiz con el brazo extendido y que lo alinee con una línea vertical (puede ser la arista del marco de una puerta o de una ventana). Se le pide que cierre un ojo y que nos diga si el lápiz se desplaza.

Cuando se cierra el ojo dominante el lápiz se desplaza de la arista de la puerta ya que era con el que estaba enfocando y cuando se cierra el ojo no dominante el lápiz permanece alineado con la arista ya que el ojo abierto es el dominante.

Para descartar la pérdida de agudeza visual por un ojo se utilizan optotipos de visión lejana y de visión cercana, tapado uno y después tapando el otro.

## 7. Dominancia Auditiva.

Para determinar cuál es el oído dominante también se utilizan, sobre todo, Pruebas de Elección. Como en las valoraciones anteriores se propone realizar diferentes acciones auditivas para observar el oído que elige, que se considera el dominante.

1. Hablar por teléfono.
2. Oír una caja de música.
3. Oír a través de una pared.
4. Oír a través del suelo.

Para valorar la dominancia lateral del oído una prueba específica es la Escucha Dicótica, en la que se le pide que oiga una lista de palabras y después repita las que recuerde.

La prueba se realiza con unos auriculares que tienen dos canales de audio independientes. Por uno de ellos se nombra una serie de palabras pregrabadas y de forma simultánea por el otro una serie de palabras distintas. De forma que por cada oído la lista de palabras es distinta. Cuando han finalizado las dos listas se le pide que repita las palabras que recuerde y se valora si son de las del oído derecho o las del oído izquierdo que se considera el dominante.

PRUEBA DE ELECCIÓN OÍDO DOMINANTE. Qué oído elige para hablar por teléfono o para oír una caja de música.
ESCUCHA DICÓTICA. Oír una lista de palabras distintas por cada oído y después repetir las que recuerde que suelen ser las del oído dominante.

Como ocurre con la dominancia de ojo aquí, también, un déficit auditivo puede condicionar los resultados de la valoración sobre cuál es el oído dominante por lo que es necesario ser cauto en la interpretación de los resultados.

## 8. Reconocimiento Derecha Izquierda.

Los trastornos de la lateralidad suelen llevar asociada una desorientación derecha e izquierda, en el propio cuerpo y en espacio por lo que cuando le proponemos una acción con un determinado hemicuerpo concierta frecuencia duda o se equivoca.

Las Pruebas de Reconocimiento Derecha e Izquierda son de utilidad para valorar si la lateralidad está definida y para detectar posibles casos de lateralidad contrariada.

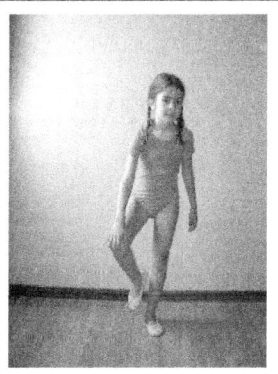

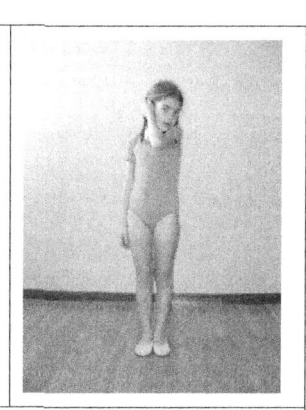

PRUEBA DE RECONOCIMIENTO DERECHA E IZQUIERDA. Identificar la derecha y la izquierda en mano y pierna, después con una mano tocar ojo, oreja y rodilla del mismo lado y finalmente con una mano tocar los del lado contrario.

En las Pruebas de Reconocimiento Derecha e Izquierda en su cuerpo se le pide que realice una serie de acciones, algunas homolaterales y otras cruzadas, con un hemicuerpo y con otro y se observa si acierta, duda o se equivoca.

Primero se le propone una serie de acciones para verificar si identifica la derecha y la izquierda en sus extremidades.

Después se le propone una serie de acciones para verificar si identifica la derecha y la izquierda en su cuerpo de forma homolateral.

Finalmente se le propone una serie de acciones para verificar si identifica la derecha y la izquierda en su cuerpo de forma cruzada al tocar con la mano derecha o izquierda la oreja, el ojo o la rodilla derecha o izquierda.

La secuencia de acciones para realizar, que es conveniente que sean rápidas para que reaccione instintivamente, pueden ser similares a éstas aunque es conveniente no proponer siempre el mismo orden derecha e izquierda:

- Levanta la mano derecha (o izquierda).
- Levanta el pie izquierdo (o derecho).
- Con la mano derecha tócate el ojo derecho.
- Con la mano izquierda tócate la oreja izquierda.
- Con la mano derecha tócate la rodilla derecha.
- Con la mano izquierda tócate la oreja derecha.
- Con la mano derecha tócate la rodilla izquierda.
- Con la mano izquierda tócate el ojo derecho.
- Con la mano derecha tócate la rodilla izquierda.
- Con la mano izquierda tócate la oreja derecha.

Si hay un elevado número de errores puede indicar que se trata de una lateralidad no definida o de una lateralidad contrariada, que hay que corroborar con otras pruebas específicas. Se le da cada orden verbal y a continuación realiza la acción. Si el resultado de la valoración no está claro repetir la serie cambiando la combinación de órdenes.

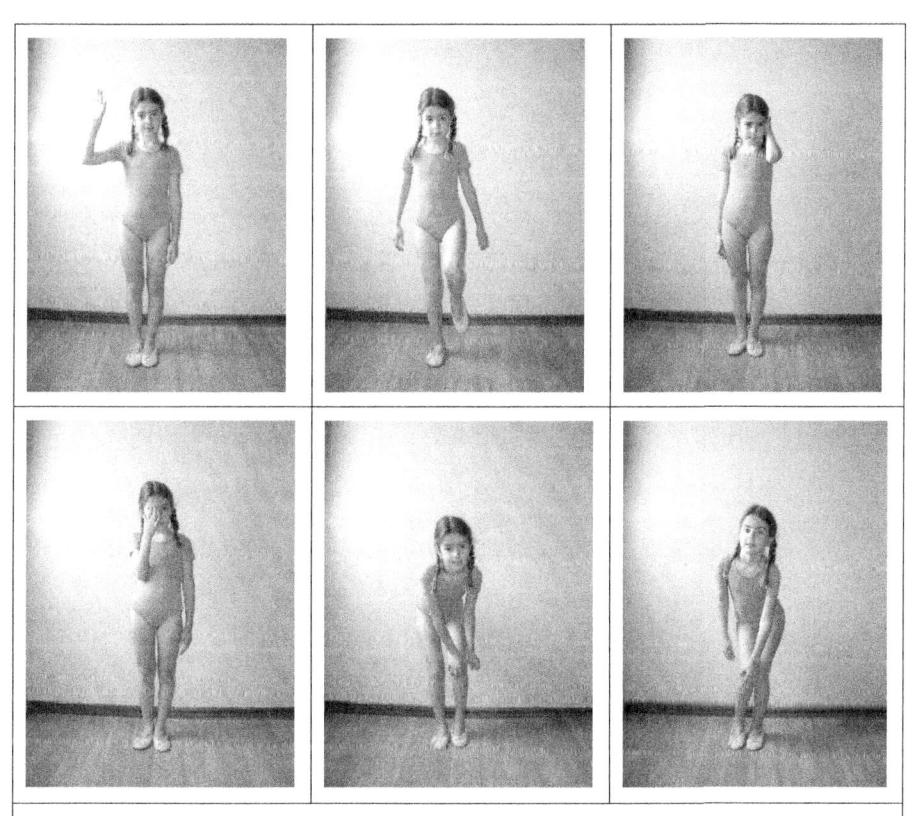

PRUEBA DE RECONOCIMIENTO DERECHA IZQUIERDA. Identificar la mano y la pierna derecha e izquierda. Después tocar con la mano la oreja, el ojo o la rodilla del mismo lado. Finalmente tocar con la mano la oreja, el ojo o la rodilla del lado contrario.

## 9. Reconocimiento Derecha Izquierda Transferido.

En las Pruebas de Reconocimiento Derecha e Izquierda Transferido se le pide que las identifique en otra persona, en situado frente, y se observa el número de aciertos, dudas o equivocaciones que comete.

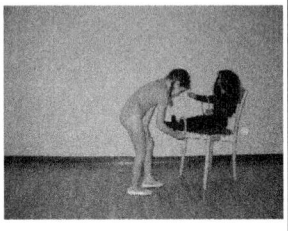

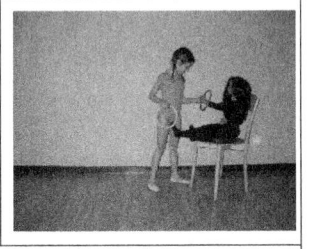

RECONOCIMIENTO DERECHA IZQUIERDA TRANSFERIDO Se pide que coloque un aro o una pulsera en la mano o pie, derecho e izquierdo, de otra persona o de una muñeca situada frente a ella.

Para la exploración se le pide que realice una serie de acciones, que requieren transferir mentalmente su derecha y la izquierda al examinador o a un maniquí, situado frente:

1. Señala mi ojo izquierdo (o derecho).
2. Señala mi oreja derecha (o izquierda).
3. Señala mi mano izquierda (o derecho).
4. Señala mi ojo derecho (o izquierdo).
5. Señala mi oreja izquierda (o derecha).
6. Señala mi mano derecha (o izquierda).

También se puede realizar la valoración combinando el reconocimiento de la derecha y la izquierda del propio cuerpo y el transferido a otra persona.

Para ello se le pide que realice una serie de acciones situada frente:

- Con tu mano derecha señala mi oreja derecha.
- Con tu mano izquierda señala mi ojo izquierdo.
- Con tu mano derecha señala mi mano derecha.
- Con la mano izquierda señala mi oreja derecha.
- Con tu mano derecha señala mi ojo izquierdo.
- Con tu mano izquierda señala mi mano derecha.

Para la exploración de la lateralidad hay que ser extremadamente cautos para no llegar a una conclusión errónea de la dominancia lateral y favorecer una lateralidad contrariada. Por otro lado una lateralidad no definida a los cinco años de edad puede ser indicativo de un retraso madurativo o de algún tipo de trastorno de la lateralidad por lo que habrá que hacer un seguimiento y valorar entre los cinco y seis años de edad.

# EXPLORACIÓN DE LA ORGANIZACIÓN ESPACIAL

La construcción del espacio se inicia con una percepción subjetiva, centrada en la niña (un objeto está lejos o cerca de ella), para pasar a una percepción objetiva (dos objetos están lejos o cerca uno del otro).

Se valora el uso que hace del espacio, si se desplaza con seguridad o se inhibe, si se orienta y lo representa y si ha integrado los conceptos básicos que nos informa del grado de construcción del espacio.

La construcción del espacio pasa por tres formas distintas de percibirlo: Espacio Topológico que se vive afectivamente, Espacio Proyectivo que se organiza y Espacio Euclidiano que se mide y se representa.

1. **Espacio Topológico**. Es el espacio que se explora. Un espacio subjetivo que se vive afectivamente. Está muy relacionado con la confianza o desconfianza que tiene la niña en el momento de la exploración. Es importante observar cómo se comporta en un lugar cerrado, si se inhibe en un espacio abierto, si se tropieza frecuentemente en una estancia llena de obstáculos, si se aísla en algún rincón del aula o si tiene reparo para subir a lugares altos.

**EXPLORACIÓN DEL ESPACIO TOPOLÓGICO.** El uso del espacio está íntimamente relacionado con la imagen corporal y con la confianza en las posibilidades motrices. La inhibición en un espacio abierto o la desinhibición en un espacio desconocido, la inacción o la inquietud por explorar, el miedo a la altura o la falta de percepción del peligro, la inseguridad o la temeridad ante nuevos retos son los extremos de un abanico de actitudes que debemos tener en cuenta al hacer un Balance Psicomotor.

CONCEPTOS ESPACIALES TOPOLÓGICOS. Se propone que realice distintas acciones que impliquen nociones espaciales como dentro y fuera, lejos y cerca, junto y separado o arriba y abajo (este último proyectivo).

**CONCEPTOS ESPACIALES TOPOLÓGICOS.** La valoración de los Conceptos Espaciales Topológicos, que se adquieren durante los tres primeros años de vida. Los integra a partir de la experiencia corporal subjetiva y egocéntrica, de forma que las cosas están lejos o cerca de él o de ella.

La exploración es de utilidad para saber si ha integrado nociones como lejos y cerca, junto y separado, dentro y fuera, abierto y cerrado o campo y límite.

## 2. Espacio Proyectivo.

El espacio proyectivo es el espacio que se organiza. Es un espacio objetivo que nos permite orientarnos para actuar. Es importante evaluar la integración de los conceptos espaciales referidos al propio cuerpo como arriba y abajo, delante y detrás, un lado y otro y derecha e izquierda.

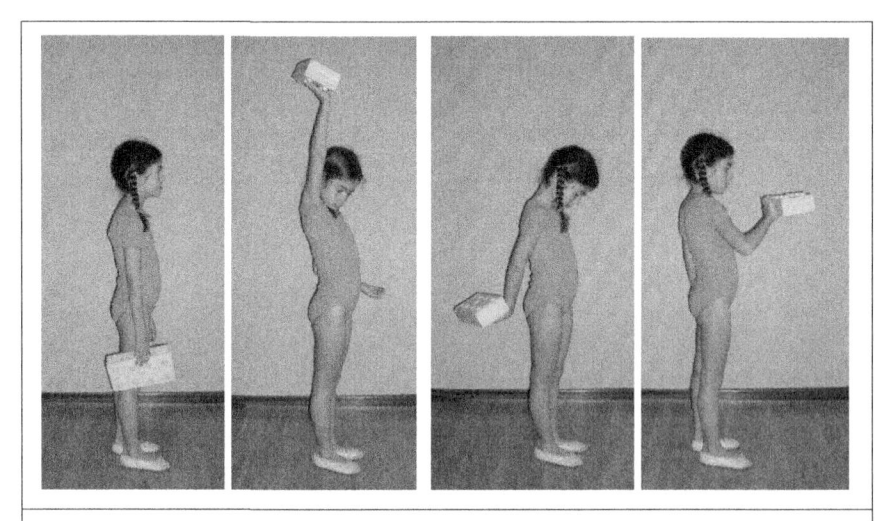

CONCEPTOS ESPACIALES PROYECTIVOS. Se propone que sostenga un objeto abajo y arriba. Después que sostenga el objeto detrás y delante.

CONCEPTOS ESPACIALES PROYECTIVOS. A partir de los tres años, cuando afianza la verticalidad e integra el eje medio corporal, empieza la construcción del Espacio Proyectivo, que concluye a los ocho años. El espacio lo organiza, a partir de la proyección de la propia verticalidad, como un espacio dual. Antes estaba abajo, en el suelo, y ahora, de pie, está arriba y a partir de esa posición organiza el espacio, en delante y detrás a un lado y otro, los cuatro puntos cardinales.

La valoración de Conceptos Espaciales Proyectivos es de utilidad para saber si ha integrado nociones como arriba y abajo, delante y detrás, a un lado y a otro y, cuando afianza la lateralidad, un lado es la derecha y otro la izquierda.

La derecha y la izquierda en su cuerpo sirven de referencia para organizar el espacio que hay a su derecha y a su izquierda ya que se trata de una proyección de la organización espacial de su cuerpo.

El reconocimiento derecha e izquierda, empieza en su cuerpo, después sirve para organizar el espacio y finalmente la derecha y la izquierda respecto a otra persona o a un objeto, no se integran hasta después de haber lateralizado.

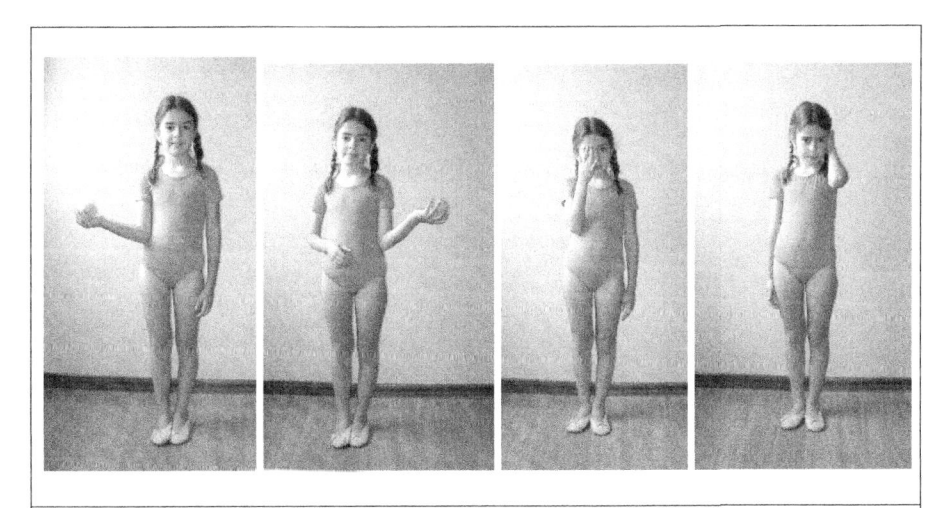

CONCEPTOS A UN LADO Y A OTRO. Son previos a los conceptos derecha e izquierda que no se integran hasta después de definirse como diestra o zurda.

El reconocimiento de la derecha y la izquierda de la imagen reflejada en un espejo o se otra persona que se encuentra situada frente, como ya hemos visto al hablar de lateralidad transferida, es más complejo ya que no se trata de la simple proyección del espacio de su cuerpo sino que tiene que operar mentalmente para girar la proyección de su cuerpo.

Además de la construcción del espacio a partir de su cuerpo hay que valorar si ha integrado la noción de perspectiva y de punto de vista, si conoce los conceptos emplazamiento y desplazamiento, si reconoce distintos tipos de trayectorias, si ha adquirido la direccionalidad lectoescritora y si es capaz de reconocer la derecha y la izquierda transferida a otra persona u objeto.

3. **Espacio euclidiano**. Es el espacio que se mide y que se representa. Se integra a partir de los tres años de edad pero su construcción se prolonga dada la complejidad que tiene.

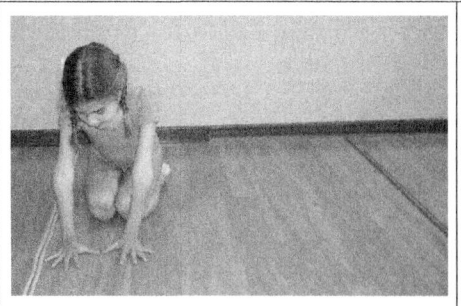

PRUEBA DE MEDIR CON CUARTAS. Se propone que mida la distancia que hay entre dos marcas utilizando las palmas de la mano, cada una corresponde a una cuarta.

Este espacio nos permite identificar figuras por su forma y realizar operaciones mentales de representación, traslación y rotación. En el balance psicomotor hay que evaluar la capacidad de realizar medidas corporales, calcular distancias y adaptar el desplazamiento a unos límites determinados.

MEDIDAS CORPORALES. Las Medidas Corporales nos permiten explorar la capacidad que tiene la niña de medir la distancia que hay entre dos puntos utilizando segmentos del propio cuerpo como palmas, pies, codos o pasos.

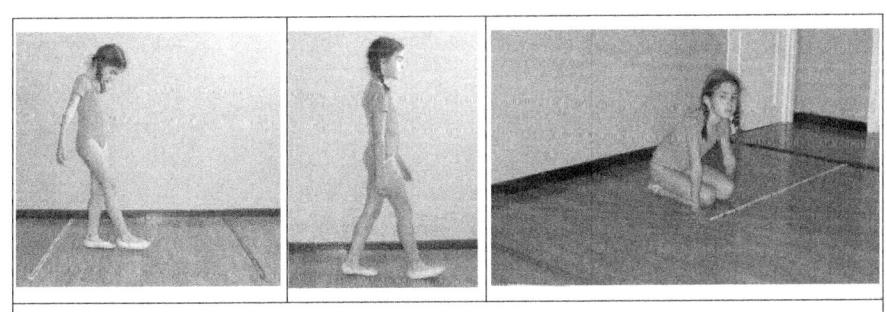

| CONCEPTOS ESPACIALES EUCLIDIANOS. Se propone medir la distancia entre dos marcas utilizando pies o pasos y después con una cinta métrica, a poder ser, de costura que es más manejable y menos peligrosa que la de metal. |
| --- |

Medir un espacio para saber cuántas cuartas hay (utilizando la palma de la mano) cuántos pies (alineando la punta de un pie con el talón del otro), cuantos codos (utilizando el antebrazo desde codo al extremo de los dedos extendidos) o cuantos pasos hay entre dos marcas. Después utilizando una regla de 50 centímetros y, finalmente, una cinta métrica.

PERCEPCIÓN VISO-ESPACIAL. Para la valoración de la organización visual y perceptiva se pueden utilizar pruebas estandarizadas de copia de dibujos de dificultad creciente o de reproducción de un modelo, como la de copia de dibujos sencillos de la Prueba Gráfica de Organización Perceptiva de Hilda Santucci para niños de cuatro a once años, adaptación del Test Guestáltico Visomotor de Lauretta Bender para niños y adultos.

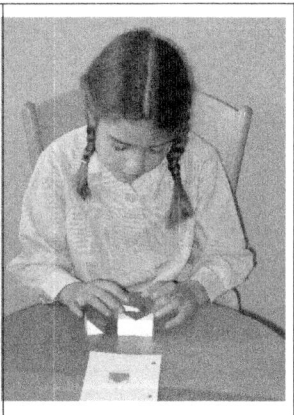

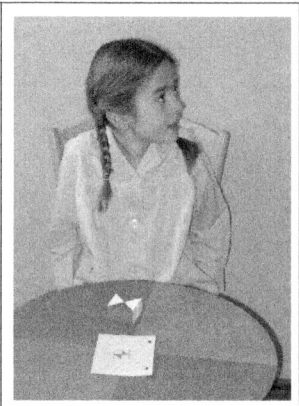

PRUEBA DE LOS CUBOS PARA LA PERCEPCIÓN VISO ESPACIAL. Se propone con los cubos de la Escala de Wechsler reproducir a partir de un modelo distintas figuras de complejidad creciente.

REPRESENTACIÓN GRÁFICA. Además de la valoración de carácter métrico con las Medidas Corporales, hay que valorar la capacidad de Representación Gráfica.

Es necesario valorar si tiene la noción de código, imprescindible para integrar la correspondencia entre un objeto y su representación gráfica y situar un objeto en el espacio a partir de un plano.

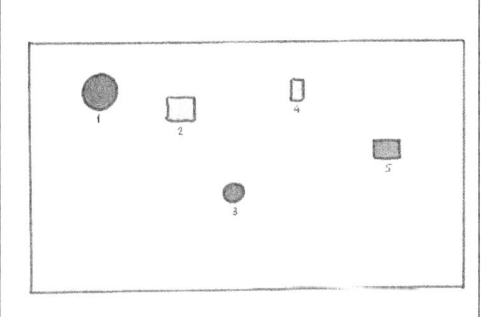

PRUEBA DE REPRESENTACIÓN GRÁFICA. Se propone que identifique una serie de objetos y la correspondencia con la representación en un plano. Primero con un plano coloreado y orientado, después con un plano en blanco y negro orientado y finalmente en blanco y negro sin orientar para que lo gire hasta encontrar la correspondencia.

CODIFICACIÓN Y DECODIFICACIÓN. La representación gráfica sirve para iniciar los procesos de codificación y decodificación para lo que utilizamos un plano para representar los distintos objetos repartidos por la sala. Para valorar la capacidad de codificación pedimos que dibuje en un plano los objetos de la sala y el lugar que ocupan.

PRUEBA DE DECODIFICACIÓN. Se propone que haga un recorrido igual al que le hemos señalado en el plano como en una.

Para valorar la capacidad de decodificación señalamos uno a uno los objetos del dibujo para que lo nombre y después marcamos en el dibujo una secuencia de objetos para que realice el recorrido. El juego de la yincana o gincana también se basa en la decodificación al interpretar un recorrido a partir de la representación de determinadas pistas en un plano.

DIRECCIONALIDAD LECTOESCRITORA. La comprensión de los procesos de codificación y decodificación facilitan la adquisición de la lectoescritura ya que la escritura es una codificación y la lectura una decodificación. La direccionalidad de izquierda a derecha es un requisito previo a la lectoescritura, muy relacionado con las nociones espaciales de emplazamiento y dirección de desplazamiento. Se puede valorar observando en qué dirección coloca sobre la mesa una secuencia temporal de imágenes o una sucesión de figuras.

DIRECCIONALIDAD LECTOESCRITORA. Se propone que coloque una secuencia de imágenes temporales o una serie de figuras geométricas para observar si ha adquirido la direccionalidad lectoescritora.

ESPACIO GRÁFICO. El uso que hace del espacio del papel o de la pizarra donde dibuja o escribe está muy relacionado con la vivencia que tiene de este ya que la construcción del espacio es un proceso activo que hace la niña a partir de la experiencia corporal del uso espacio como lugar de acción.

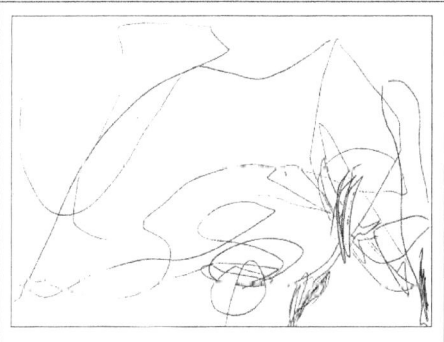

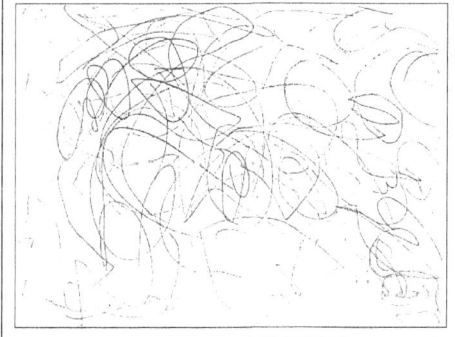

PRUEBA DE ESPACIO GRÁFICO. Se propone que llene un papel de garabatos y se observa el grado de ocupación del espacio que hace está muy relacionado con la percepción que tiene del espacio topológico y con la imagen corporal.

## EXPLORACIÓN DE LA PERCEPCIÓN TEMPORAL

La niña percibe el tiempo a partir de la vivencia corporal del desplazamiento, cuando compara distintas velocidades de desplazamiento, cuando percibe que corriendo llega antes que andando. El tiempo es una forma de medir el espacio recorrido y calcular el espacio que falta por recorrer.

Para el examen de la percepción temporal se explora con la marcha ritmada para observar si adapta el desplazamiento a la frecuencia del metrónomo o al rítmo que marcamos con un instrumento de percusión (pandero, claves, palmas). Se valora si adapta a una FRECUENCIA, si interrumpe el desplazamiento en el INTERVALO o si se adapta a una SECUENCIA rítmica.

La adaptación al ritmo que marca un instrumento de percusión o a la frecuencia de un metrónomo lo tiene que hacer primero a nivel Corporal, después a nivel Rítmico y finalmente a nivel Gráfico.

La adaptación a los ritmos lentos y, especialmente, al intervalo favorece la capacidad de inhibición motora y el control del movimiento, de suma importancia como indicador madurativo.

Para valorar la percepción temporal observar si es capaz de:

- Adaptar el desplazamiento a un ritmo dado con palmas o con percusión. Reproducir frecuencias rítmicas sencillas con palmas o con percusión.

- Reproducir distintas secuencias rítmicas con intervalo largo y corto.

- Codificar el tiempo al hacer un dictado rítmico con palotes.

- Decodificar una secuencia rítmica al interpretar una partitura de palotes con palmas o con percusión.

1. **Tiempo corporal.** Se valora la capacidad que tiene de ajustar la velocidad de desplazamiento a una frecuencia rítmica determinada. Es importante observar si se adapta a frecuencias rápidas, si se angustia en frecuencias lentas, si ha integrado el intervalo rítmico como código para interrumpir el desplazamiento y si es capaz de asociar una secuencia de movimientos a una secuencia rítmica en la que introducimos intervalos regularmente.

Para valorar la percepción corporal del tiempo se puede utilizar la Marcha Ritmada en la que tiene que desplazarse andando lento, andando rápido o corriendo, adaptando la velocidad al ritmo de una música o a la frecuencia que marcamos con un instrumento de percusión.

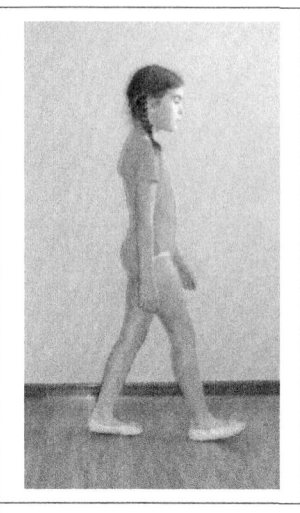

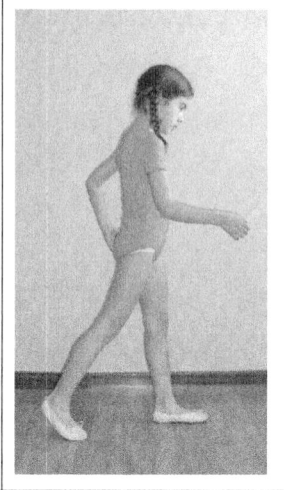

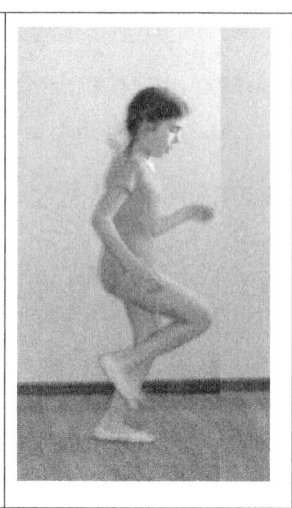

MARCHA RITMADA. Se propone que adapte la velocidad de desplazamiento al ritmo que marca una música o la frecuencia de un instrumento de percusión y a las variaciones deteniendo el desplazamiento cuando cesa el sonido (intervalo).

MARCHA RITMADA. Es el desplazamiento adaptado a una música o a un ritmo determinado y a sus modificaciones:

1. Adaptar la velocidad de desplazamiento a un ritmo marcado.
2. Adapta la velocidad a las modificaciones del ritmo.
3. Se inhibe en los ritmos rápidos (puede ser signo de falta de confianza).
4. Se precipita en los ritmos lentos (puede ser por falta de control motor).
5. Interrumpe la acción cuando se interrumpe el ritmo (intervalo)

2. **Tiempo rítmico**. Se valora la capacidad de imitar una frecuencia rítmica, reproducir una secuencia rítmica y marcar con palmas el compás de una canción o pieza musical sencilla.

Es importante observar si se precipita en las frecuencias lentas, si pierde el ritmo en las frecuencias rápidas, si respeta el intervalo en las secuencias, si memoriza y reproduce las distintas estructuras rítmicas y si automatiza el compás de una pieza musical sencIlla.

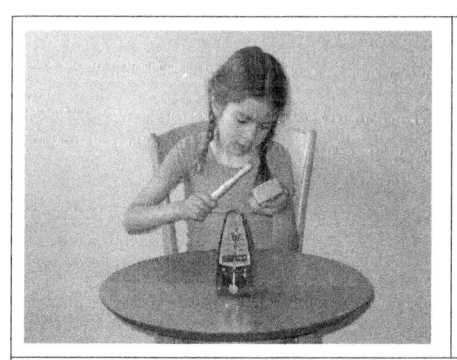

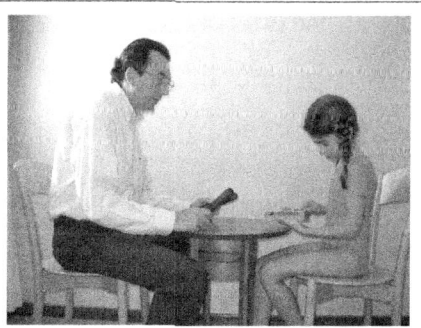

TIEMPO RÍTMICO. Se propone que reproduzca distintas frecuencias rítmicas marcadas por un metrónomo utilizando una caja china o palmadas. Después reproduzca una secuencia con intervalos marcada por el examinador.

Para valorar la percepción rítmica del tiempo tiene que reproducir, con palmas o con un instrumento de percusión, un ritmo dado. Se puede utilizar el metrónomo para distintas frecuencias y para introducir el intervalo y las distintas secuencias rítmicas utilizar las palmas o un instrumento de percusión.

Hay que observar si:

1. Reproduce de forma simultánea la frecuencia rítmica de un metrónomo.
2. Reproduce después una frecuencia lenta que marcamos.
3. Reproduce una frecuencia rápida cuando hemos terminado.
4. Interrumpe de forma simultánea el ritmo cuando hacemos un intervalo.
5. Reproduce una secuencia rítmica que marcamos.
6. Si se adapta a las modificaciones del ritmo que marcamos.

La percepción del tiempo y, en especial, el sentido rítmico, la adaptación de secuencias complejas y la memorización de estructuras rítmicas, aunque se puede educar, son facultades innatas que están muy relacionadas con la cultura.

3. **Tiempo gráfico.** Igual que valoramos la representación del espacio también tenemos que valorar la representación del tiempo. En el balance psicomotor se valora la capacidad de codificar y decodificar una estructura rítmica.

SECUENCIA TEMPORAL DE ACCIONES. Para valorar la sucesión de acciones en el tiempo se utilizan imágenes de una secuencia temporal para que las ordene según la naturaleza de cada una.

SECUENCIACIÓN TEMPORAL. Se propone que ordene una serie de tarjetas de acciones respetando la secuencia temporal y la direccionalidad lectoescritora.

DICTADO RÍTMICO. Valora la capacidad de codificación y representación gráfica del tiempo, la correspondencia entre un sonido (palmada) y su representación gráfica (palote). Además del número de palmadas y de palotes, se codifica el intervalo dejando espacio un entre dos palotes.

Para valorar la Decodificación se hace el proceso inverso, reproducir con palmas una secuencia de palotes, sin y con intervalo, que el examinador va señalando como una partitura.

- Codifica el tiempo al hacer un dictado rítmico con palotes con frecuencias, intervalos y secuencias.

- Decodifica una secuencia rítmica al interpretar una partitura de palotes, cada vez que señalamos un palote da una palmada.

DICTADO RÍTMICO. Para representar el tiempo se propone que con cada palmada dibuje un palote. Cuando entienda el procedimiento de la codificación se propone que si la frecuencias rítmicas es lenta dibujar los palotes separados y si es rápida juntos. Finalmente introducir el intervalo para que codifique las secuencias. Para la decodificación del tiempo tiene que dar una palmada o un golpe cuando el examinador señala un palote.

# EXPLORACIÓN DE LA IMAGEN CORPORAL

La Imagen Corporal quizás sea el aspecto más importante del desarrollo psicomotor ya que se refiere a la imagen que tiene de sí misma, de sus posibilidades y de sus limitaciones.

Una buena integración de la Imagen Corporal requiere una adecuada percepción del propio cuerpo y de la información proveniente de los sentidos, equilibrio postural económico, lateralidad bien definida, independencia segmentaria, control de la acción y de la inhibición, dominio de la respiración y de la capacidad de anticiparse, para poder planificar las acciones antes de ejecutarla, adaptadas al espacio y al tiempo.

La construcción de la imagen corporal es determinante para el desarrollo psicomotor y, por tanto, para el aprendizaje, hasta el punto que en el fondo de muchos trastornos de aprendizaje, de alteraciones psicopatológicas o de problemas involutivos existen alteraciones de la imagen corporal. De ahí la importancia de valorar el grado de integración de la Imagen Corporal para, en caso de detectar alguna desviación, poder actuar desde una perspectiva educativa o reeducativa.

El término Imagen Corporal o Body Image engloba tres conceptos distintos y complementarios, Esquema Corporal, Integración Polisensorial e Imagen de Sí. Desde esta perspectiva sirve a la niña para conocer la partes de su cuerpo, las posturas y las formas de desplazamiento, su relación con el mundo que le rodea y la percepción de sus posibilidades y sus limitaciones.

Fruto del conocimiento de su cuerpo, de la percepción que tiene del mundo que le rodea y de las experiencias que tiene la niña construye la imagen de sí misma durante la infancia y la va modificando a lo largo de la vida en función de las experiencias que vaya teniendo ya sean recompensas, frustraciones, éxitos o fracasos.

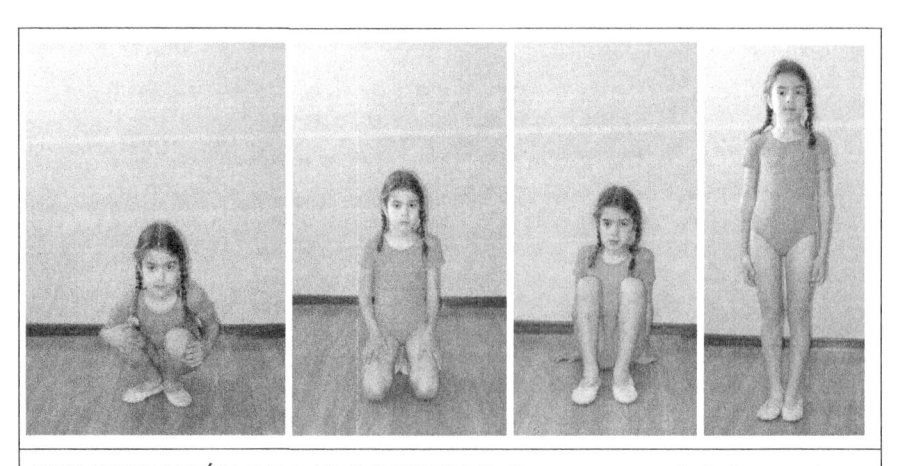

IDENTIFICACIÓN DE LAS POSTURAS. Se proponen distintas posturas en cuclillas, de rodillas, sentada y de pie para evaluar su conocimiento.

El Esquema Corporal hace referencia al conocimiento que la niña tiene de su cuerpo, de sus partes y de sus posibilidades motrices. La niña lo construye con de la información procedente del propio cuerpo, información propioceptiva, que le proporcionan las experiencias que tiene a nivel sensoriomotor.

La Integración Polisensorial hace referencia a la información procedente de los sentidos. Esta información procedente del exterior, información exteroceptiva, sirve a la niña para percibir el mundo que le rodea.

La Imagen de Sí hace referencia a cómo la niña se percibe. Es un concepto psicodinámico y está muy relacionado con la autoestima. Una pobre experiencia corporal o experiencia corporal frustrante puede dar lugar a una Imagen Corporal Devaluada mientras que una excesiva sobreprotección puede dar lugar a una Imagen Corporal Sobrevalorada. Una imagen corporal bien construida es aquella que la niña tiene una percepción realista de sus posibilidades y de sus limitaciones.

Para conocer el grado de construcción de la Imagen Corporal en el balance psicomotor se valora:

- Esquema Corporal (propioceptivo) que es el conocimiento que tiene de su cuerpo, de sus partes y de sus posiciones.

- Integración Polisensorial (exteroceptivo) que es el proceso de recepción, elaboración y almacenamiento de la información procedente de los sentidos.

- Imagen de Sí (psicodinámico) que es la representación mental del propio cuerpo y de sus posibilidades, determinante en el grado de confianza, primero, en sus posibilidades motrices y, después, en sí misma.

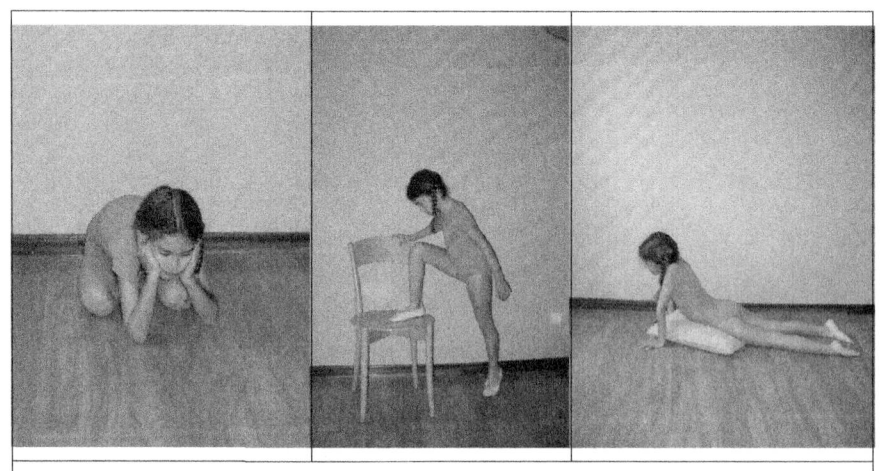

IDENTIFICAR LAS PARTES DEL CUERPO. Se propone que apoye las distintas partes en algún objeto concreto.

1. **Construcción del Esquema Corporal**. La construcción del esquema corporal es un proceso activo de conocimiento e integración del cuerpo y de sus partes.

La experiencia corporal proporciona al niño información sobre el propio cuerpo y sus posibilidades motrices. Es importante valorar el conocimiento que tiene el niño de las partes del cuerpo y, también, de sus posibilidades motrices, posturas y formas de desplazamiento.

FORMAS DE DESPLAZAMIENTO. Que se desplace rodando sobre su eje medio (primera forma de locomoción) y reptando (arrastrándose).

POSTURAS Y FORMAS DE DESPLAZAMIENTO. Valorar el conocimiento y el control motor que tiene de las posturas (de pie, de rodillas, en cuclillas o agachada, sentada, tumbada) y formas de desplazamiento (reptar o arrastrar, rodar, gatear).

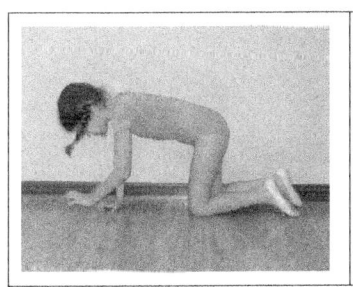

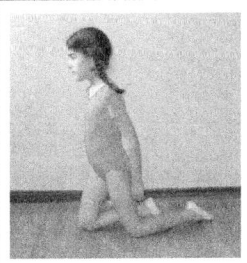

FORMAS DE DESPLAZAMIENTO. Se propone que se desplace gateando, de rodillas y en cuclillas para evaluar el control motor y el conocimiento de las formas de desplazamiento.

VALORACIÓN DE LAS ARTICULACIONES. Identificar las articulaciones, en su cuerpo y en una silueta o en un dibujo, así como su función ya sea flexión, extensión, abducción, aducción o giro (doblar, estirar, separar, pegar o girar) de hombro, codo, muñeca, dedos, cadera, rodilla, tobillo y cuello. Hay algunas que son difíciles de identificar como la articulación temporomandibular o el tobillo.

Le pedimos que señale una determinada articulación, que la mueva y se le indica que realice una acción para la que es necesaria con la pregunta

¿Qué pasaría si no tuviéramos…

- Rodillas y quisiéramos subir una escalera?
- Codos y quisiéramos llevar la cuchara a la boca?
- Cuello y quisiéramos mirar hacia arriba?
- Tobillos y quisiéramos coger algo que está en alto?
- Nudillos y quisiéramos sujetar un vaso?
- Muñeca y quisiéramos escribir?
- Articulación en la mandíbula y quisiéramos masticar?
- Ninguna articulación?

La respuesta a esta última pregunta la tiene que llevar a la conclusión que sin articulaciones no nos podemos mover.

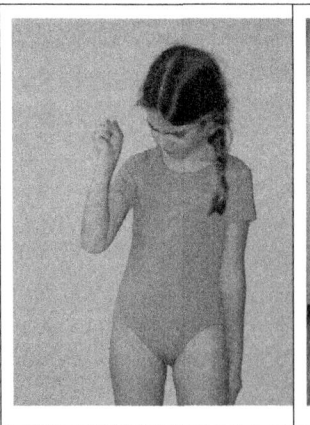

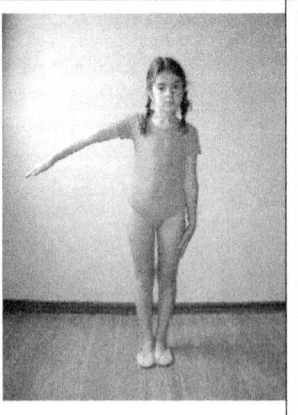

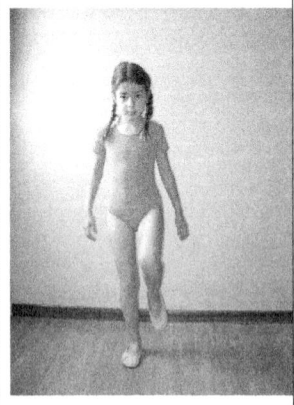

IDENTIFICAR LAS ARTICULACIONES. Se pregunta por cada articulación y sobre la función del codo, del hombro, de la rodilla, etc. Al final se le pregunta ¿Qué pasaría si no tuviésemos articulaciones? (inmovilidad es la respuesta)

Se puede considerar que tiene una buena integración de la función articular si identifica las articulaciones principales, su movimiento, la limitación en la acción y, sobre todo, deducir, con la última pregunta, que si no tuviéramos ninguna articulación no nos podríamos desplazar ni siquiera mover (sólo los ojos y la lengua dentro de la boca).

2. **Dibujo de un Niño/a**. El dibujo del niño o de la niña es una prueba proyectiva que nos permite evaluar, entre otras muchas cosas, el grado de integración de las distintas partes del cuerpo. Tiene un gran valor diagnóstico en lo que se refiere al desarrollo psicomotor, al cognitivo y al afectivo.

Dado que la construcción del esquema corporal la hace el niño a partir de las experiencias vividas, la representación que hace el niño sí mismo es una síntesis de su vida así mismo es una síntesis de su vida.

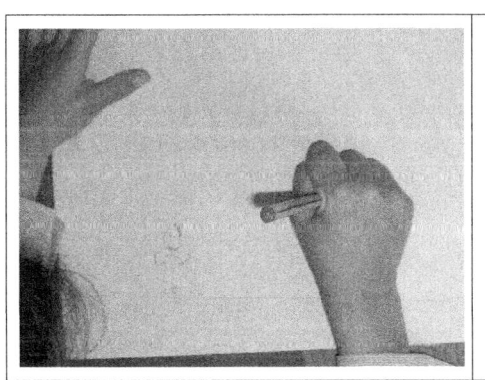

DIBUJO DEL NIÑO/A. Se propone que haga el dibujo de un niño o de una niña, según sea, en el suelo proyectar la integración que tiene de su propio cuerpo.

Para valorar el dibujo de la niña se puede utilizar el Test de la Figura Humana de Goodenough o el Dibujo de un Niño/a de la Escala de Mc Carthy, más sencilla de aplicar, que nos indican el grado de integración de las partes del cuerpo.

En la Escala de Mc Carthy se valoran en total 10 elementos del dibujo: cabeza, cabello, ojos, nariz, boca, cuello, tronco, brazos-manos, piernas-pies y colocación del tronco. Se puntúa cada elemento con 0, 1 ó 2. La puntuación máxima es 20, y se valora con 0 punto si el elemento está ausente, 1 si hay algún esbozo y 2 si está presente y bien colocado el elemento en el dibujo del niño o de la niña.

3. **Imagen de Sí**. Es el conocimiento que tiene de sí misma, de sus posibilidades y limitaciones. Es importante observar si durante la valoración la niña dio muestras de inseguridad o si rechazó hacer alguna de las actividades propuestas, en definitiva, falta de confianza que indicaría una Imagen Corporal Devaluada.

Si por el contrario no asume sus errores, si cree que todo lo hace bien aunque no sea así, si afronta las pruebas de forma irreflexiva o si no percibe el riesgo, indicaría que tiene una Imagen Corporal Sobrevalorada. Si en algún momento manifestó miedo al fracaso puede indicar una excesiva responsabilidad y un alto nivel de exigencia.

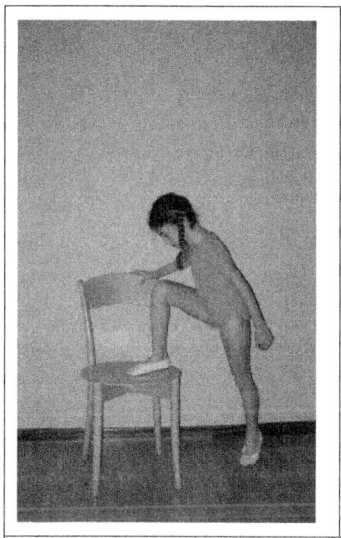

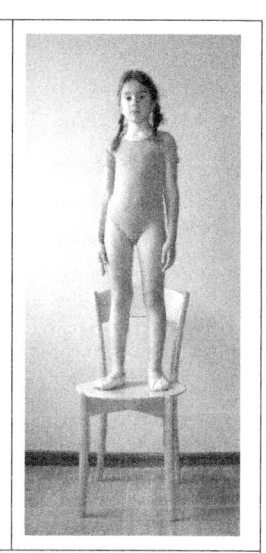

VALORACIÓN DE LA CONFIANZA EN SUS POSIBILIDADES MOTORAS
Se propone que suba a una silla o a otro elemento, de tamaño proporcional a su altura, para observar la decisión y seguridad con que afronta la propuesta o si, por el contrario, duda o se niega lo que nos puede dar una idea sobre el grado de confianza que tiene en sus posibilidades motrices.

## EXPLORACIÓN SENSORIAL

La Integración Polisensorial o integración de las informaciones que proviene del mundo exterior o exteroceptiva, se perciben a través de los sentidos y sirve a la niña para conocer su relación con el entorno,

La información sensorial es complementaria a la información procedente del propio cuerpo o propioceptiva, que se percibe con la sensibilidad cenestésica y la que proporcionan lo músculos y articulaciones. La exploración de los sentidos es de suma importancia para detectar un trastorno de tipo sensorial y para ello se valora el reconocimiento visual, auditivo, olfativo, el gustativo y táctil.

RECONOCIMIENTO VISUAL. Se propone que identifique colores, formas, geométricas, animales, objetos cotidianos y caras familiares,

1. **Exploración Visual.** En la exploración, además de la Agudeza Visual que trataremos en el capítulo correspondiente a los pares de nervios craneales cerebrales, se explora el Reconocimiento Visual de colores, formas geométricas, objetos cotidianos, animales y caras familiares para lo que se usan libros de imágenes, láminas y objetos reales.

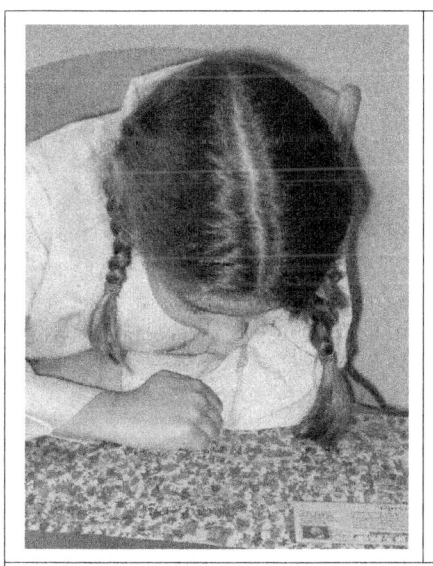

FIJACIÓN VISUAL. Se propone que localice una figura escondida en una lámina, observar como lo hace y si mantiene la atención o se cansa enseguida.

La Fijación Visual y el Seguimiento Visual de un objeto que se desplaza son aspectos que implican la participación conjunta de la vista y de la atención. Localizar una figura oculta en una lámina requiere atención, el reconocimiento de la figura y la localización, ya sea mediante la Técnica de Barrido Visual (propia del hemisferio analítico) o Técnica de Golpe de Vista (propia del hemisferio global).

La Memoria Visual es otro aspecto para explorar en la que está implica a la atención, la percepción y la retentiva ya que la memoria es un proceso activo que requiere esfuerzo por parte de la niña para memorizar una serie de objetos y su distribución sobe la mesa..

Recordar una serie de objetos dispuesto con un determinado orden, identificar uno que hemos retirado o detectar el cambio de posición de uno o más objetos, nos informa de la capacidad de atención y de la retentiva así como la memorización de los objetos y su distribución en el espacio.

MEMORIA VISUAL. Se propone que observe entre 15 y 30 segundos una serie de objetos y cuando los ocultemos que repita los que recuerde. El tiempo de observación y el número de objetos aumenta con mayor edad.

2. **Exploración Auditiva**. En la exploración se valora, además de la Agudeza Auditiva que también trataremos en el capítulo correspondiente a los pares craneales cerebrales, el Reconocimiento Auditivo de sonidos cotidianos pregrabados, voces familiares o de animales. El Seguimiento Auditivo se evalúa ocultando una fuente sonora para que la localice.

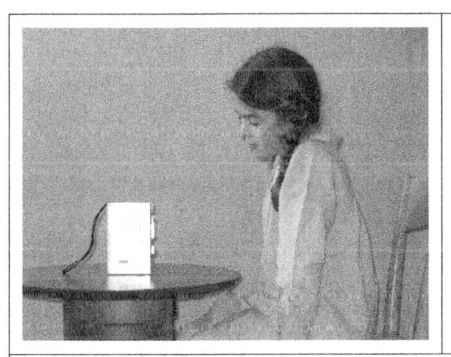

RECONOCIMIENTO AUDITIVO. Se le propone asociar los sonidos con las imágenes de una lámina primero y después, sin lámina, que diga a qué corresponde.

La Discriminación Fonética se evalúa pidiendo que repita una pareja de fonemas o palabras de sonido similar después que la enuncie el examinador. Por su parte la Memoria Auditiva se evalúa pidiendo que repita una serie de palabras y números que previamente ha enunciado el examinador. El número de palabras o de dígitos en orden creciente para saber cuantas memoriza.

3. **Exploración Sensitiva**. La exploración de la sensibilidad táctil de la yema de los dedos, de la sensibilidad superficial de la piel y de la sensibilidad profunda de los músculos y articulaciones.

Sensibilidad Táctil de los dedos:

- Identificar superficies lisas o rugosas
- Identificar la consistencia de los objetos dura o blanda.
- Sensibilidad térmica de distintas zonas de la piel ya sea calor o frío.
- Grado de humedad de un objeto seco o mojado.
- Identificar objetos ocultos a la vista sólo por el tacto.
- Identificación de la posición de un segmento corporal sin verlo (dedo pulgar del pie).

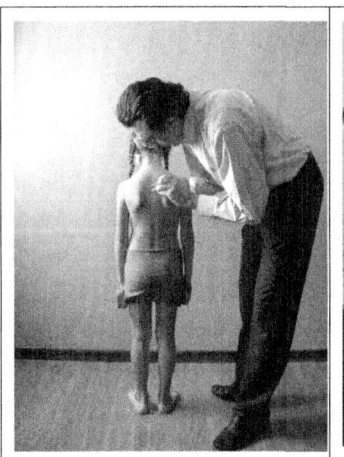

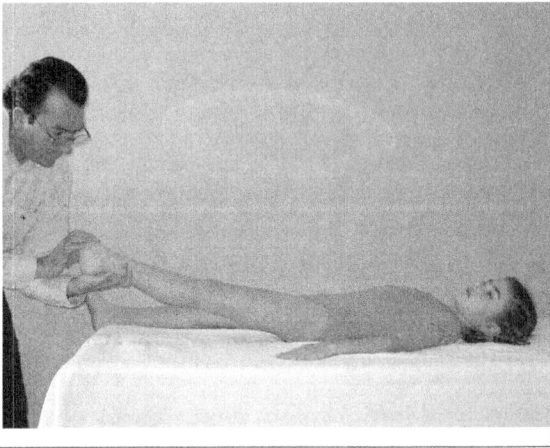

SENSIBILIDAD SUPERFICIAL. Se explora aplicando estímulos sobre distintas partes de la piel para que identifique si siente frío o calor, si está húmedo o seco y si siente presión con un dedo o con dos. SENSIBILIDAD PROFUNDA. Se explora pidiendo que identifique la posición del dedo pulgar del pie que el examinador lo mueve arriba o abajo.

Después la Sensibilidad Superficial aplicando los mismos estímulos sobre distintas parte de la piel y la valoración de la Discriminación de Puntos de Presión, con uno o dos dedos o un compás, sobre distintas partes del cuerpo.

Finalmente la Sensibilidad Profunda se valora, con los ojos cerrados, moviendo el dedo pulgar del pie o la muñeca, arriba y abajo, para que identifique en qué posición queda cuando le pregunta el examinador.

4. **Exploración Gustativa.** En la exploración gustativa, además de preguntar sobre la actitud que tiene ante nuevos sabores muy relacionada con la educación en hábitos alimenticios, se explora la sensibilidad de la cara superior o dorso de la lengua y se le pide que identifique distintos sabores.

Aunque el sabor se percibe con toda la lengua parece que las papilas gustativas de algunas zonas, de la cara superior, percibe con mayor intensidad los cinco sabores básicos: dulce, salado, ácido, amargo y umami.

Para la valoración del gusto se utiliza un Laboratorio de Sabores con cinco frascos con la esencia líquida de distintas sustancias alimenticias comunes. Se deposita una gota de sustancia en la zona de la lengua donde las papilas gustativas perciben dicho sabor y se le pregunta si le desagrada o le gusta, si resulta familiar el sabor y si lo puede identificar.

El Sabor Dulce, que percibimos con más intensidad en la punta de la lengua, se puede explorar con una gota de agua azucarada que perciben como agradable y lo suelen identificar con facilidad.

El Sabor Salado, que percibimos con más intensidad en los bordes de la porción anterior de la lengua, se puede explorar con una gota de agua salada y, aunque el sabor les resulta familiar, no les suele parecer agradable.

El Sabor Ácido o Agrio, que percibimos con más intensidad en los bordes de la porción posterior de la lengua, se puede explorar con una gota de limón y suele provocar repugnancia.

El Sabor Amargo, que percibimos con más intensidad en el surco medio de la porción posterior de la lengua, se puede explorar con una gota de agua tónica y les resulta poco agradable.

El Sabor Umami, que percibimos con más intensidad en la parte central de la lengua, es el sabor de glutamato monosódico que está presente en muchos alimentos y se usa como potenciador del sabor, distinto al salado aunque similar a este, y se puede explorar con una gota de zumo de tomate.

| 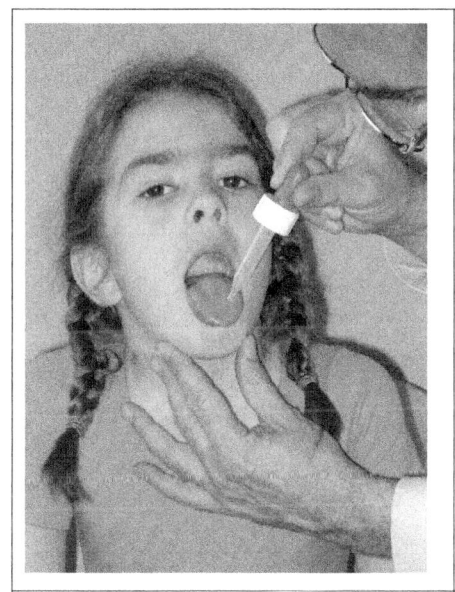 EXPLORACIÓN DEL GUSTO. Se hace con un Laboratorio de Sabores | 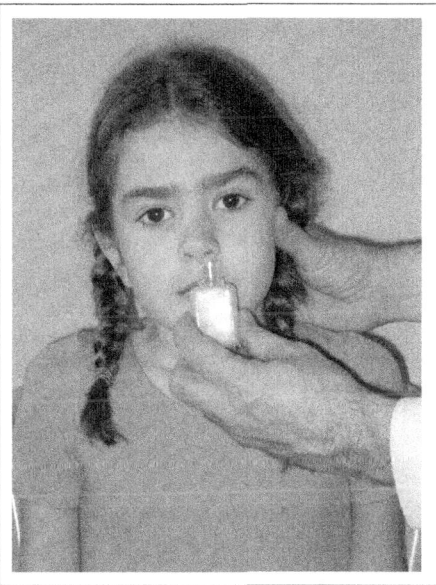 EXPLORACIÓN DEL OLFATO. Se hace con un Laboratorio de Aromas |
|---|---|

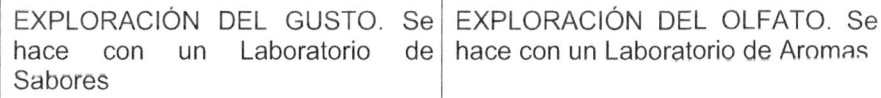

5. **Exploración Olfatoria.** La exploración olfativa, de cada orificio nasal, sirve para descartar la ausencia de olfato (anosmia) o una alteración en la percepción de los olores. Se explora la capacidad de asociar dos olores iguales, diferenciar entre un olor agradable y un olor desagradable, reconocer olores familiares e identificar determinados aromas.

Para la valoración del olfato se utiliza un Laboratorio de Aromas con frascos con distintas sustancias aromáticas de cualquier consistencia, líquida, sólida o pastosa, para que asocie dos olores iguales, para que identifique olores familiares o los clasifique en agradables y desagradables.

En este caso cada sustancia aromática se pone en dos frascos para que primero asocie cada pareja de olores iguales y después para que identifique los olores familiares como café triturado o en grano, cáscara de naranja rallada, agua de colonia, rama de romero u otros productos con olor intenso que le pueda resultar familiar y conocido.

La prueba olfatoria estandarizada más fiable es el Test UPSIT, de la Universidad de Pensilvania, para la identificación de 40 elementos distintos clasificados en cuatro grupos con diez micro cápsulas de olores cada uno para rascar y oler.

## IV. EXAMEN DE LAS ACTIVIDADES PRÁXICAS

La praxia es un sistema de movimientos organizados, en una secuencia espacial, temporal, intencional y dirigida a un fin que sobrepasa el ámbito estrictamente motor.

Los movimientos, con cierto grado de complejidad técnica, tienen un determinado orden, temporalizados en el espacio del cuerpo, se hacen de forma voluntaria con una finalidad de naturaleza práctica, como puede ser manipular un objeto, o simbólica, desligada del objeto.

Las actividades práxicas están en el nivel más elevado de la organización psicomotora al ser el resultado de la interacción de actividades neuromotoras y perceptivomotoras.

Son la combinación del control motor y de la organización perceptiva del propio cuerpo y del mundo que lo rodea, de la capacidad de abstracción para representarlas y de la capacidad de planificar mentalmente las acciones antes de ejecutarlas.

En la vida cotidiana utilizamos infinidad de praxias al vestirnos, al comer, al hacer deporte, al trabajar, al escribir o al hablar. Valorar las actividades práxicas es de utilidad para conocer la capacidad de planificar una secuencia compleja de movimientos automatizados dirigidos a un determinado fin.

La dificultad, lentitud o torpeza para realizar una secuencia motora con un determinado propósito puede ser de dos tipos:

1. **Dispraxia**. Trastorno de la coordinación de movimientos complejos, y en ocasiones sencillos, que se da en la infancia y se puede manifestar por la dificultad para atarse los cordones de los zapatos, montar en bicicleta o escribir.

2. **Apraxia**. Imposibilidad de coordinar una secuencia motora por una lesión cerebral, que se manifiesta, además, con dificultad para girar el pomo de una puerta, cerrar un grifo, utilizar una cuchara, encender un mechero (Apraxia Ideatoria) o, incluso, hacer el gesto sin objeto como simular que clavar una puntilla o encender una vela (Apraxia Ideomotora).

Tradicionalmente las praxias se han dividido en Globales, interviene el todo cuerpo, y Finas, intervienen distintas partes del cuerpo, pero, por cuestiones operativas, según la finalidad de la propia praxia la vamos dividir en cuatro grupos:

- Praxias Globales
- Praxias Manipulativas
- Praxias Respiratorias
- Praxias Faciales y Bucofonatorias

1. **PRAXIA GLOBAL.** Es un sistema organizado de movimientos en los que interviene el cuerpo en su totalidad. La automatización de este sistema complejo de movimientos secuenciados es necesaria para la realización de multitud de actividades que nos permite actuar en el entorno y modificarlo.

Las actividades práxicas son el resultado de una acción planificada y dirigida a un fin que precisa una programación de la acción motora, fruto de la actividad del área prefrontal del lóbulo frontal encargado de planificar la acción. La máxima expresión práxica la encontramos en la especialización técnica de la danza, del deporte de competición o de determinadas especialidades profesionales.

Los Tipos de Praxias Globales, según cuál sea su propósito, pueden ser:

**Praxia Cotidiana.** Secuencia coordinada de movimientos, de distintas partes del cuerpo de forma, necesarias para la realización de actividades de la vida diaria como puede ser, al vestirse, ponerse el pantalón y la camisa o conducir un coche.

**Praxia Deportiva.** Técnica necesaria para la realización, de la forma más eficaz posible, de actividades con alto grado de exigencia como, por ejemplo, en la gimnasia deportiva o en el salto con pértiga.

**Praxia Profesional.** Secuencia necesaria para la realización de multitud de actividades técnicas de carácter laboral como, por ejemplo, el manejo de maquinaria pesada o de una máquina de coser.

**Praxia Representativa.** Secuencia técnica necesaria para la realización de actividades creativas de expresión artística como, por ejemplo, la interpretación, la mímica o la danza.

**Praxia Simbólica.** Secuencia motora con un determinado significado, de carácter protocolario, como, por ejemplo, los saludos militares o algunos ritos religiosos.

2. **PRAXIA MANIPULATIVA.** Es un sistema organizado de movimientos de las manos cuyo propósito es el manejo de algún tipo de mecanismo, instrumento, herramienta o útil de escritura o de dibujo como el lápiz y el pincel.

Muchas acciones cotidianas, como pueden ser utilizar los cubiertos, encender una vela, prender un mechero, sacar punta a un lápiz, recortar con unas tijeras, hacer un paquete o, por supuesto, dibujar y escribir, son praxias manipulativas, acciones coordinadas con una determinada secuencia de movimientos y un propósito determinado.

Dentro de las manipulativas también se incluyen algunas praxias del vestir para abrochar un botón, anudar los cordones de los zapatos o hacer el nudo de una corbata.

Los Tipos de Praxias Manipulativas, según cuál sea su propósito, pueden ser:

**Praxia Utilitaria** cuya finalidad es manejar un instrumento, herramienta o mecanismo.

**Praxia Constructiva** cuya finalidad es manejar el lápiz, el pincel u otro útil para dibujar o escribir.

3. **PRAXIA RESPIRATORIA**. Es un sistema organizado de movimientos, del diafragma y de los músculos intercostales, principalmente, cuyo propósito es el control de la respiración con un fin distinto al mero al intercambio de gases.

Aunque la respiración es de naturaleza automática, cuando la respiración se organiza en función de una finalidad distinta, se convierte en un auténtica praxia respiratoria con un control intencional y dirigida a un fin. como por ejemplo .

Se puede considerar la respiración como una praxia cuando se usa la musculatura respiratoria para hablar, para cantar, para tocar un instrumento de viento o para la relajación.

Los Tipos de Praxias Respiratoria, según su fin pueden ser:

**Praxia del Habla y del Canto** cuya finalidad es el control respiratorio para la emisión de la columna de aire a presión necesaria para la fonación en el lenguaje y en el canto

**Praxia Musical** cuya finalidad es coordinar la respiración y la emisión de aire a presión para hacer sonar un instrumento de viento.

**Relajación Respiratoria,** cuando se ralentiza y se interrumpe, momentáneamente, el ciclo respiratorio se reduce el aporte de oxígeno al cerebro lo que provoca un estado de sedación.

4. **Praxias Faciales y Bucofonatorias.** Es un sistema organizado de movimientos cuyo propósito es la fonación, la articulación del lenguaje y la expresión de la cara.

La expresión facial y la mirada es, después del lenguaje, la forma más importante de comunicación que tenemos. Hay cuarenta y tres músculos encargados de los movimientos, instintivos o voluntarios, que reflejan el estado de ánimo y, su control, permite expresar con las facciones de la cara estados de ánimo que pueden ser distintos al real. Es la base, con la expresión corporal, de la interpretación actoral y de la dramatización.

Para la emisión de cada fonema hacen falta los movimientos coordinados del diafragma y de los músculos intercostales (praxia respiratoria), para expulsar una columna de aire a presión. El aire a presión, al pasar por el estrechamiento silbante de la glotis, produce un sonido, la fonación, que varía dependiendo de la separación en que coloquemos las cuerdas vocales, entre abiertas y juntas todos los estados intermedios.

El débil sonido que se produce en la laringe se amplifica y se modula con las modificaciones de la caja de resonancia que son la orofaringe y las fosas nasales. Finalmente el fonema se articula con el paladar blando, la lengua, la mandíbula y los labios para la expresión lingüística.

Por tanto para la emisión de los fonemas hacen falta el movimiento coordinado del diafragma, músculos intercostales, cuerdas vocales, musculatura de la orofaringe, del paladar blando, de la lengua, de la mandíbula y de los labios.

Los Tipos de Praxias Manipulativas, según su propósito:

**Praxias Palatinas** cuya finalidad es el control de los movimientos del paladar blando, situado detrás istmo de fauces y de la úvula, para la emisión de los sonidos guturales.

**Praxias Linguales** cuya finalidad es el control de los movimientos de la lengua.

**Praxias Mandibulares** cuya finalidad es el control de los movimientos de la mandíbula.

**Praxias Labiales** cuya finalidad es el control de los movimientos de los labios.

Aunque en este capítulo se trata la valoración de las praxias bucofonatorias especialmente, tanto unas como otras se abordan de forma más detallada en el capítulo siguiente que trata sobre la exploración de los pares craneales y los movimientos bucofaciales y fonatorios.

## EXPLORACIÓN DE LAS PRAXIAS GLOBALES

La secuenciación de gestos es la base de la exploración de las praxias, sean del tipo que sean, ya que una alteración en la temporalización de movimientos puede afectar de igual forma a todo el cuerpo a cualquiera de sus partes. Dicho de otra forma cuando hay dificultad para realizar una secuencia de movimientos de manos también suele haber dificultad para una secuencia de movimientos fonoarticulatorios.

Para la valoración de las praxias globales se explora la capacidad de realizar un secuencia sencilla de cambios posturales, imitar una secuencia de gestos de forma simultánea al examinador, imitar una secuencia de gestos después que la haya terminado de hacer el examinador, disociar dos movimientos distintos y simultáneos, realizar dos movimientos opuestos y simultáneos y ponerse y quitarse diferente prendas de vestir.

1. Secuencia de Gestos
2. Imitación de Gestos
3. Memoria Motriz
4. Movimientos Disociados
5. Movimientos Opuestos
6. Praxias del Vestir

1. **Secuencia de Gestos**. El gesto es un acto motor y se valora la capacidad de realizar una determinada secuencia de movimientos en la que participen diferentes partes de cuerpo.

Primero se propone verbalmente que realice determinada secuencia motora y se valora la capacidad de representar mentalmente la secuencia de propuesta: de pie, agachada, tumbada en el suelo, agachada y de pie.

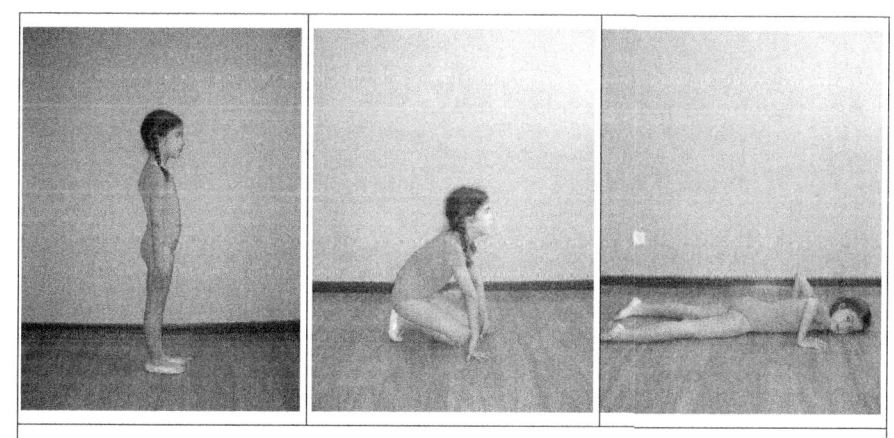

| SECUENCIA MOTORA. Se propone que verbalice primero y que después realice una secuencia de tres movimientos para pasar desde la posición de pié a la de tumbado boca abajo. |
| --- |

Después se le pide que verbalice ella una secuencia motora para pasar de la posición de pie a tumbada boca abajo en tres movimientos. Se valora la capacidad de verbalizar, planificar y ejecutar una serie de movimientos y de cambios posturales: de pie, de rodillas y tumbada boca abajo.

El examinador puede marcar los tres tiempos con palmas o con un instrumento de percusión para pasar de pie a tumbada y otros tres para pasar de tumbada a de pie.

2. **Imitación de Gestos**. Se valora con los movimientos en espejo, en los cuales el niño/a tiene que imitar la secuencia motora que realiza el examinador.

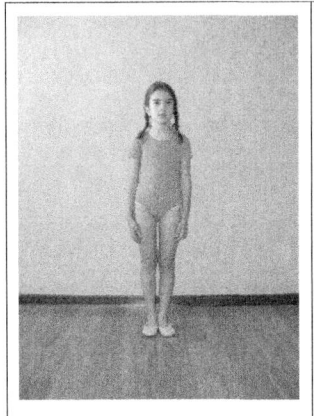

IMITACIÓN DE GESTOS. Se le propone que imite la secuencia motora de forma simultánea: de pie, palmada, agachada, golpe en suelo y de nuevo en pie.

Se observa si es capaz de imitar una serie de movimientos segmentarios sencillos ya sea con el brazo o con la pierna.

Después se le pide que repita una secuencia motora global de forma simultánea que combine cambios posturales y movimientos segmentarios.

La imitación de una secuencia de movimientos requiere de una buena integración del esquema corporal, de sus partes y de la representación mental del propio cuerpo.

La verbalización de las acciones que tiene que ejecutar sirven para reforzar la conciencia del esquema corporal, posturas y formas de desplazamiento.

3. **Memoria Motriz**. Se valora proponiendo a la niña que repita una serie de movimientos después que el examinador ha terminado para observar si es capaz de reproducir para los que tiene que retener mentalmente los movimientos.

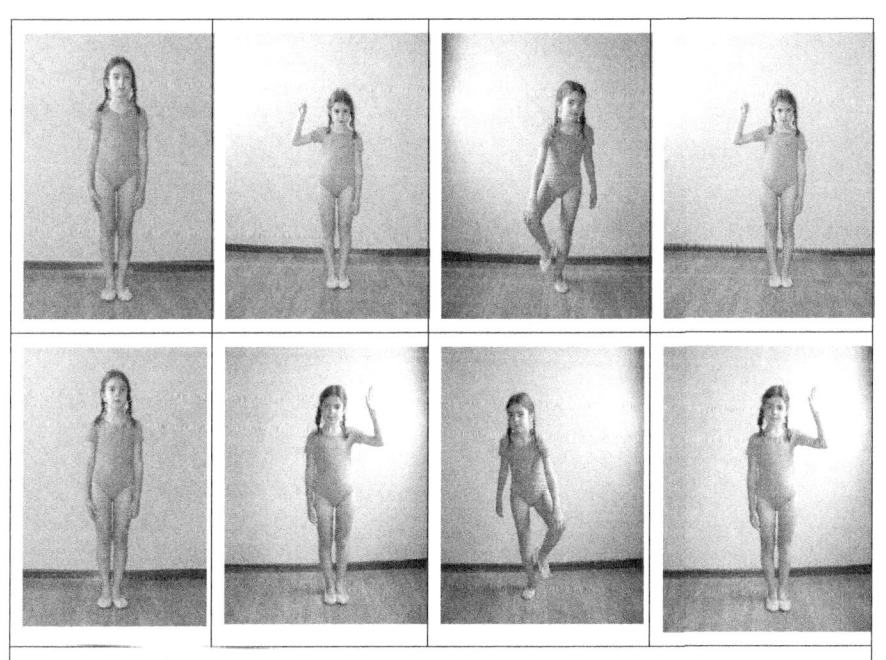

| VALORACIÓN DE LA MEMORIA MOTRIZ. Se le propone que repita una secuencia motora después del examinador una vez que este ha terminado: de pie, levanta una mano, golpe en la rodilla con la mano del mismo lado, de pie, levanta la otra mano, golpe en la rodilla con la mano del mismo lado. |
|---|

Una secuencia más compleja es caminando: un paso, levanta la pierna derecha y golpe en el muslo con la mano derecha, otro paso, levanta la pierna izquierda y golpe en el muslo con la mano izquierda, otro paso, levanta la pierna derecha y golpe en el muslo con la mano izquierda y otro paso, levanta pierna izquierda y golpe en el muslo con la mano derecha.

4. **Movimientos Disociados.** Se valora proponiendo a la niña que realice de forma simultánea dos movimientos de distinta naturaleza.

Primero se observa si es capaz de realizar un movimiento con una mano y un movimiento distinto con la otra.

Después se propone que realice un movimiento con las manos y otro distinto con los pies.

En ambos casos se valora tanto la capacidad de disociación de los movimientos como la velocidad de ejecución.

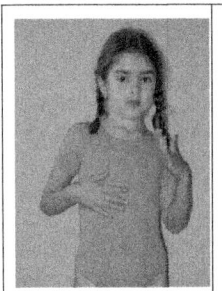

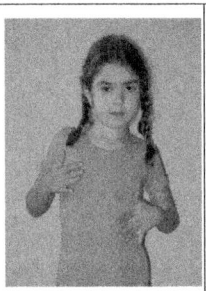

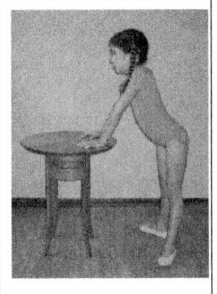

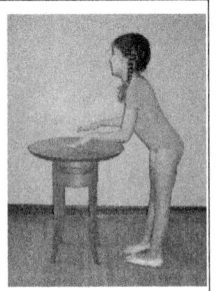

SECUENCIA MOTORA DE BRAZO. Se propone que imite la secuencia de movimientos simultáneamente al examinador, situado frente.

La capacidad de disociación de dos movimientos requiere un buen control de los segmentos corporales y una buena integración del esquema corporal por lo que la destreza y velocidad de ejecución está muy relacionada con la edad y con el nivel madurativo.

La valoración de los movimientos simultáneos se complementa con los movimientos opuestos que se exponen a continuación.

5. **Movimientos Opuestos.** Se propone que realice de forma simultánea dos movimientos contrarios.

Realizar varias veces dos movimientos alternativos y opuestos: con pies juntos y manos separadas, saltar, para pasar a pies separados y manos juntas de forma simultánea. Repetir varias veces para observar si automatiza el patrón o si se desorganiza.

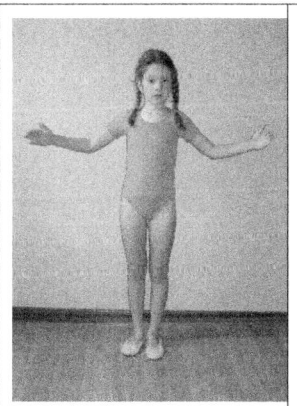

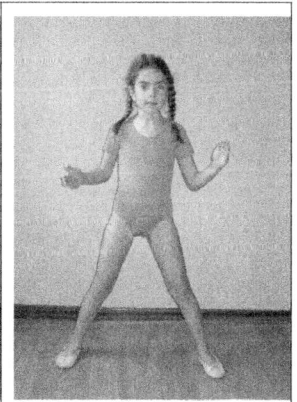

| MOVIMIENTOS OPUESTOS. Se le propone que con pies juntos y manos abiertas, saltar para pasar a pies abiertos y manos juntas. Repetir varias veces adaptándose a un ritmo marcado. | Un error frecuente es abrir y cerrar los pies y las manos a la vez y perder el ritmo de salto |
|---|---|

Además de los movimientos opuestos se pueden proponer **movimientos paradójicos**, que hace falta buen control de los segmentos corporales y buena integración del esquema corporal para realizarlos con destreza y velocidad. Bajar la mano despacio y golpear fuerte sobre la tapa de la mesa o viceversa o bajar rápido la mano y golpear flojo sobre la tapa de la mesa.

6. **Praxias del Vestir**. Se valora proponiendo a la niña que se ponga y se quite distintas prendas de vestir sencillas como un abrigo, un babi, una camisa o un pantalón, para observar si realiza la secuencia motora de forma correcta.

PRAXIAS DEL VESTIR. Se le propone que se ponga un pantalón para observar si tiene automatizada la secuencia motora necesaria para ponerse y quitarse la prenda de forma eficaz. Es importante observar que pierna introduce primero que puede ser la dominante.

Es importante observar se introduce primero en la prenda la pierna y el brazo derecho o izquierdo, que suele ser el dominante, por lo que es de utilidad para contrastar con las demás pruebas de lateralidad.

La valoración de las praxias del vestir se complementa con la destreza para abotonar y anudar los zapatos que se verá en las praxias manipulativas.

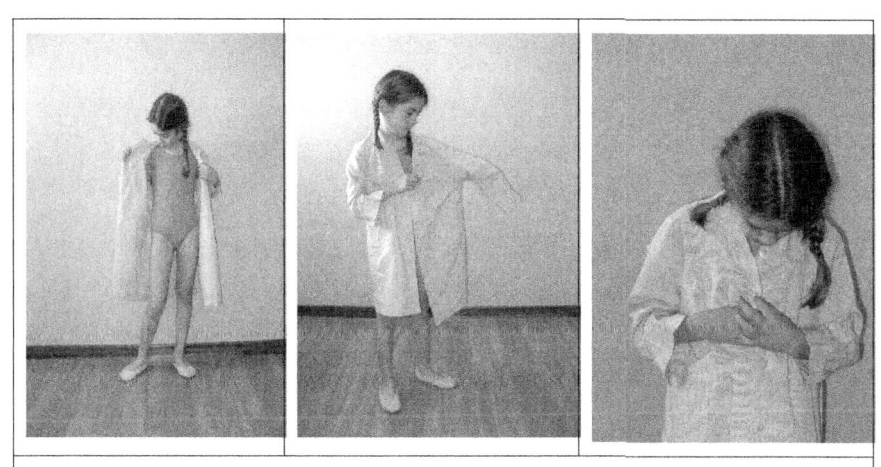

PRAXIAS DEL VESTIR. Se le propone que se ponga y se quite un babi para observar si tiene automatizada la secuencia para hacerlo de forma eficaz.

La dificultad para la organización práxica se manifiesta en los distintos tipos de praxias. Si la niña tiene alguna dificultad para realizar una secuencia motora con el brazo también la va a tener para la secuenciar movimientos fonoarticulatorios.

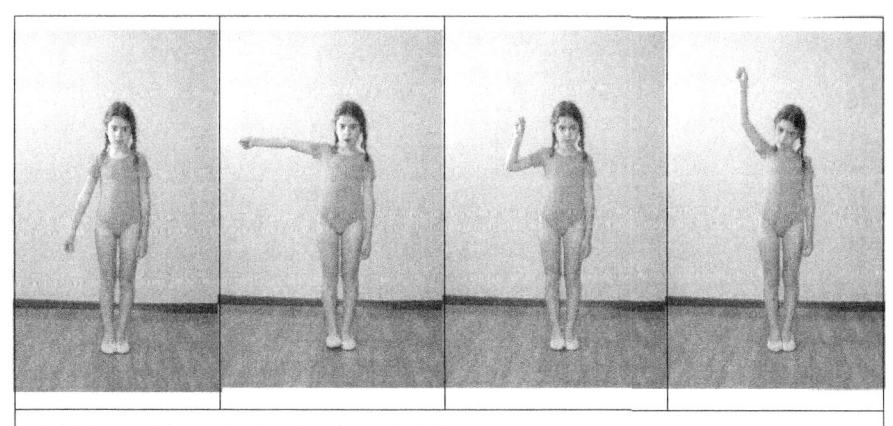

SECUENCIA MOTORA DE BRAZO. Se propone que reproduzca la secuencia que realiza el examinador.

## EXPLORACIÓN DE LAS PRAXIAS MANIPULATIVAS

Las Praxias Manipulativas son un sistema organizado de movimientos de los brazos, las manos y los dedos cuya finalidad es manejar algún tipo de herramienta, de mecanismo o de útil. Según las tareas concretas y su propósito podemos distinguir dos tipos de Praxias Manipulativas: Praxias Utilitarias para el manejo de un instrumento, herramienta y mecanismo y Praxias Constructivas para el dibujo y la escritura.

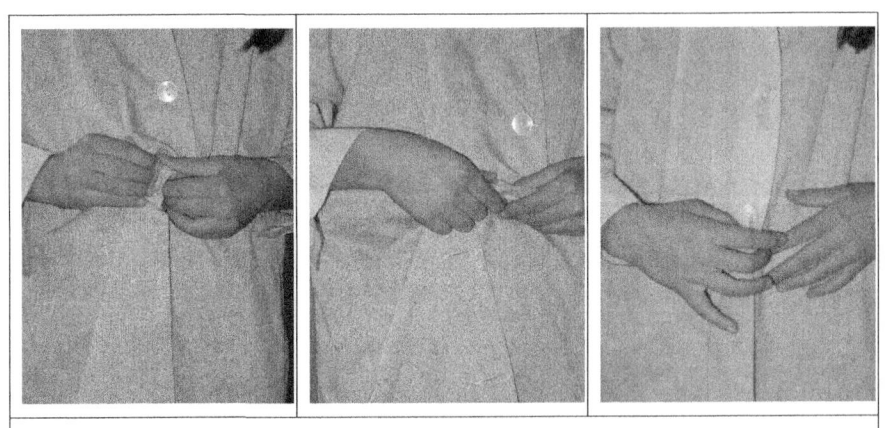

PRAXIA UTILITARIA DEL VESTIR. Secuencia motora para abrochar un botón del babi.

Los aspectos que es conveniente explorar y que influyen en el uso de las praxias manipulativas van desde los movimientos de brazos, manos y dedos, al uso de la pinza, primero palmar y después digital, y al manejo de utensilios.

1. Movimientos de brazos y manos
2. Movimientos de dedos y pinza
3. Movimientos y utilitarios
4. Coordinación grafomotora

**1. Movimientos de Brazos y Manos.** Se valora el control de los movimientos de las articulaciones de cada hombro, de cada codo y de cada muñeca.

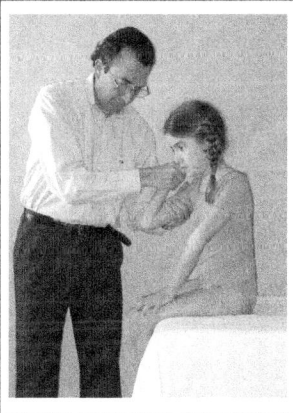

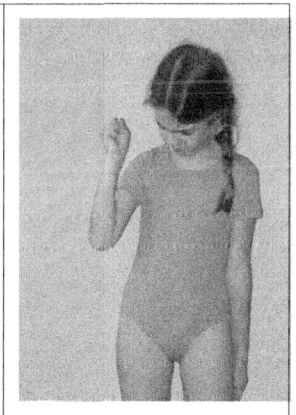

EXPLORACIÓN DE HOMBRO Y CODO. Con el brazo recto pegado al cuerpo pedir que lo eleve, después que se toque la nuca y el glúteo del lado contrario. Después que haga un movimiento de giro completo del brazo y, con el brazo extendido, flexione y extienda el codo para comprobar si hay limitación.

Se debe observar si hay alguna limitación en el hombro, si hay una disminución en la extensión del codo y especialmente si realiza la muñeca movimientos de flexión, extensión, lateralización y giro.

La inestabilidad del eje medio corporal y la limitación articular puede dificultar la realización de algunos movimientos y, en consecuencia, la manipulación.

El control proximal garantiza la coordinación de los movimientos distales de las extremidades superiores, desde el hombro hasta las yemas de los dedos.

| EXPLORACIÓN DE LA FLEXIÓN Y EXTENSIÓN DE MUÑECA. Con la parte externa del antebrazo apoyado en la mesa y después con la parte interna se le pide que flexione y extienda una muñeca y otra. A continuación repetir flexión y extensión simultánea con las dos manos. |
|---|

2. **Movimientos de Dedos.** Se valora el control de los movimientos globales de dedos y la independencia digital. En los movimientos globales de mano observar si hay dificultad al abrir o al cerrar la mano y al separar y juntar los dedos.

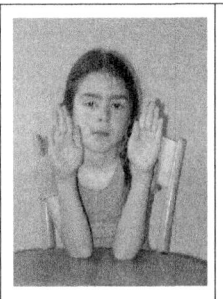

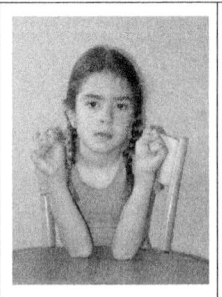

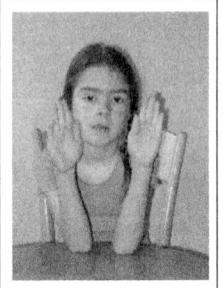

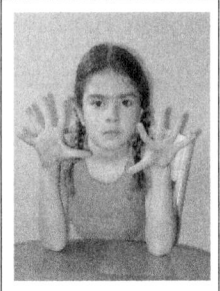

| EXPLORACIÓN DE MOVIMIENTOS DE MANOS. Codos apoyados en la mesa abrir y cerrar una mano, otra y las dos de forma simultánea. Después juntar y separar los dedos de una mano, de otra y de las dos. |
|---|

También hay que valorar si controla de forma independiente los movimientos de los dedos y si utiliza correctamente la pinza, primero la pinza palmar y después la pinza digital

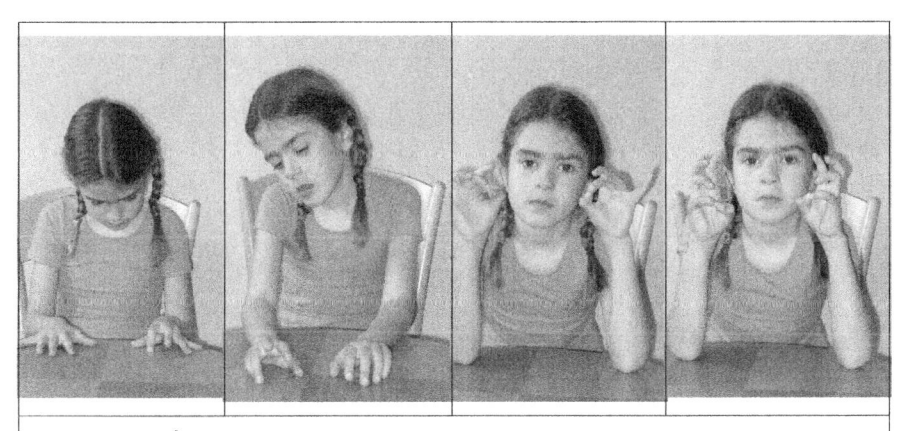

EXPLORACIÓN DE LA INDEPENDENCIA DE DEDOS. Con el talón de la palma apoyado tamborilear sobre la mesa con cada dedo de una mano, de otra y de las dos. Tocar el pulgar con cada dedo, con una mano, otra y las dos simultáneas.

Primero se exploran las digitaciones, con los codos apoyados en la mesa, tocar con cada dedo la mesa y tamborilear con todos los dedos de forma sucesiva, con una mano, con otra, con las dos simultáneamente.

Después, con los codos apoyados en la mesa, tocar el pulgar con cada dedo, con una mano, con otra, con las dos simultáneamente. Otras actividades para ver el uso que hace de la pinza son prender pinzas de la ropa, coger chinchetas por el pincho o hacer bolitas de plastilina

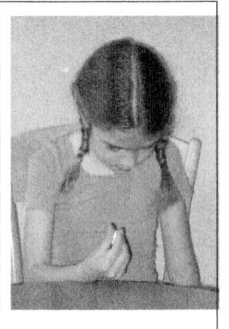

EXPLORACIÓN DE LA PINZA DIGITAL. Abrir una pinza de la ropa para colocar en un borde, coger una chincheta por el pincho para introducir en su caja, rasgar papel en tiras o hacer una bolita de plastilina.

Finalmente se valora la pinza palmar y la pinza digital con las actividades de arrugado de papel. Se empieza con papel tamaño A3 para arrugar con la dos manos, después A4 para arrugar con la palma de una mano. A continuación A5 para combinar la pinza palmar y digital y finalmente papeles pequeños para utilizar únicamente la pinza digital.

EXPLORACIÓN DE LA PINZA PALMAR Y DIGITAL. Hacer una bola con una hoja de papel grande con las dos manos y una mediana con una. Hacer una bola pequeña con un cuadrante de papel higiénico para la pinza digital. Si comparan los resultados con una y otra mano la dominante hace la bola más pequeña.

3. **Movimientos Utilitarios**. Se explora la capacidad de manejar distintos instrumentos cotidianos y herramientas con precisión: tijeras, sacapuntas, cubiertos, velcro, botones y cordones. Para el manejo de las tijeras se pide que recorte una línea recta, ondulada y en zigzag, una figura cuadrada y otra irregular. Para el manejo del cuchillo y el tenedor se pide que corte una tira de plastilina con cubiertos de plástico.

En las actividades bimanuales es conveniente observar la mano que usa como principal y como mano auxiliar ya que es un buen complemento a la exploración de la lateralidad y de la dominancia manual. En el apartado de manipulación, y dentro de la praxias del vestir, hay que incluir la secuencia motora para manejar distintos tipos de cierres, algunos con bastante dificultad como los cordones de los zapatos por ejemplo.

EXPLORACIÓN BIMANUAL DEL MANEJO DE UTENSILIOS. Cuál es la mano principal y la mano auxiliar al usar el sacapuntas, las tijeras y los cubiertos para cortar una tira de plastilina. Observar cual es la mano auxiliar que sostiene el sacapuntas, el papel o el tenedor y la mano dominante que maneja el lápiz, las tijeras y el cuchillo.

En la exploración del manejo de cierres, inicialmente, es conveniente observar de menor a mayor dificultad. Como pega y despega un velcro de una prenda, abre y cierra una cremallera, abrocha y desabrocha botones, se pone y se quita un cinturón y se anuda los cordones de los zapatos.

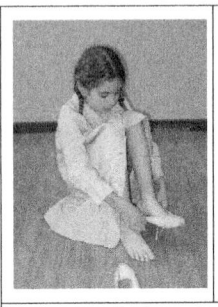

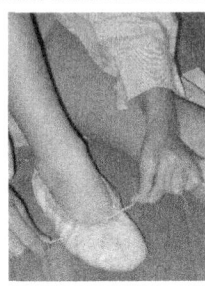

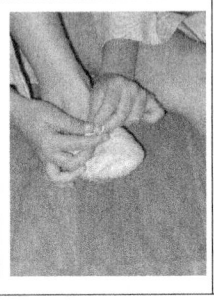

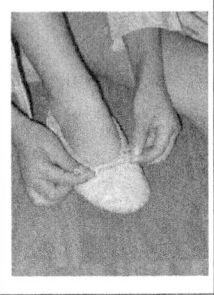

EXPLORACIÓN DE LAS PRAXIAS UTILITARIAS DEL VESTIR. Se le propone que se ponga las zapatillas y anude los cordones para observar si hace la secuencia de movimientos correctamente.

La exploración de las praxias manipulativas es de suma utilidad para verificar cual es la mano dominante que usa con más destreza y velocidad en las actividades monomanuales y cual es la que elige como mano principal y mano auxiliar en las actividades que requieran usar las dos manos.

4. **Coordinación Grafomotora.** Se valora la actitud postural, la sujeción del lápiz, el contraste grafomotor, el control del trazo, los enlaces y la adaptación a las líneas de referencia. Hay que observar si presenta algún trastorno en la escritura, si la grafía es insegura, si la postura es inadecuada, si no coloca la mano por debajo del trazado, si la sujeción del lápiz es incorrecta o si aprieta mucho al escribir.

EXPLORACIÓN GRAFOMOTORA. Dos defectos muy frecuentes son la actitud postural incorrecta, recostada sobre la mesa y con poca distancia viso gráfica, y la sujeción incorrecta del lápiz, muy cerca de la punta con los dedos flexionados.

Para escribir correctamente es necesario:

1. Una buena postura que garantice la estabilidad del eje medio corporal para que los desplazamientos del brazo sean fluidos, sin recostarse sobre la mesa ni acercar mucho la vista al papel.

2. El papel ligeramente inclinado hacia la izquierda, en los diestros, y sujeto con la mano auxiliar para que no se mueva durante la escritura

3. La sujeción del útil de escritura con los dedos extendidos, ya que la flexión de estos provoca el agotamiento muscular del brazo, sin tapar la línea de escritura con la mano.

4. El dorso de la mano se tiene que deslizar sobre el papel para reducir el cansancio de la mano y el brazo.

5. Hay que tener en cuenta que la posición de la mano en la persona zurda es distinta ya que, por la direccionalidad de izquierda a derecha, tapa la línea de escritura por lo que necesita girar el papel o colocar la mano por encima del trazado y flexionar la muñeca (escritura en gancho).

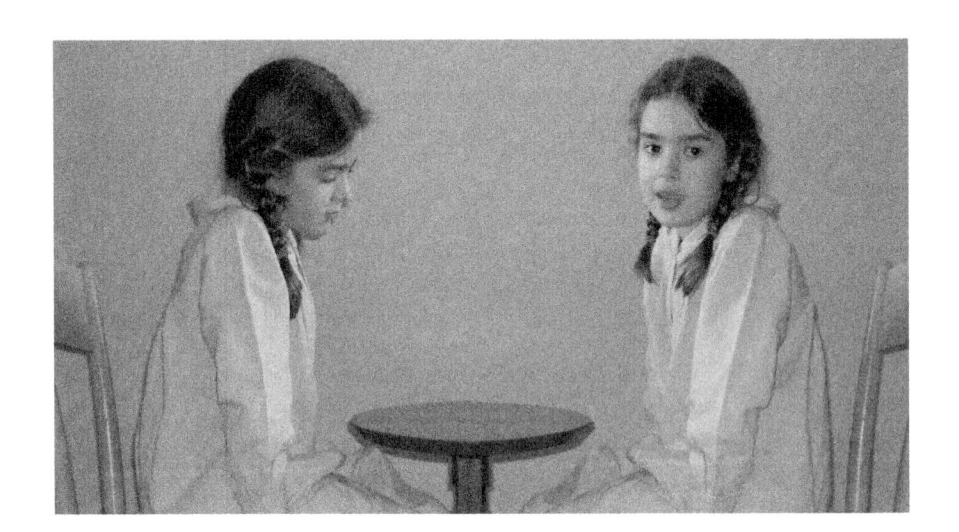

## EXPLORACIÓN DE LAS PRAXIAS RESPIRATORIAS

Las Praxias Respiratorias son un sistema organizado de movimientos respiratorios cuya finalidad es controlar el ciclo respiratorio y la emisión controlada de aire. Aunque es un proceso automático cuando se organiza en función de una finalidad distinta al intercambio de gases, como para hablar, cantar, tocar un instrumento de viento o relajarnos, se puede considerar como una auténtica praxia respiratoria.

La respiración tiene cuatro fases distintas, inspiración donde se inhala aire para obtener oxígeno, pausa, espiración donde se exhala el aire para expulsar el dióxido de carbono y pausa antes de volver a coger aire.

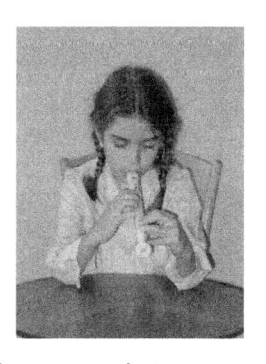

La inspiración es un proceso activo donde la musculatura se contrae y la espiración pasiva donde se relaja. En la inspiración el diafragma se contrae y desciende y los músculos intercostales externos expanden la caja torácica. En la espiración el diafragma se relaja y asciende a su posición natural y los músculos intercostales internos cierran la caja torácica y expulsan el aire.

1. **Tipos de Respiración**. Se explora si la respiración es regular y rítmica, si tose después de una inspiración profunda o si emite ruidos en la inspiración o en la espiración como sibilancias (silbido por estrechamiento de las pequeñas vías respiratorias) o runcus (especie de ronquido por la obstrucción de las grandes vías respiratorias).

También se valora si la respiración es abdominal (en la inspiración el abdomen con la entrada de aire y en la espiración se deprime) o torácica (en la inspiración se eleva el tórax y en la espiración se deprime).

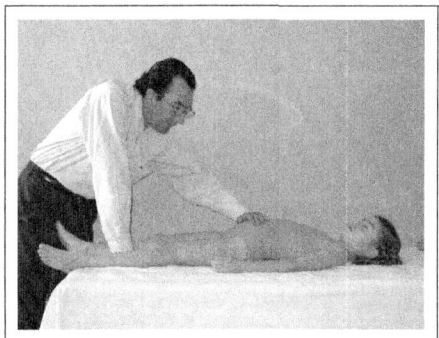

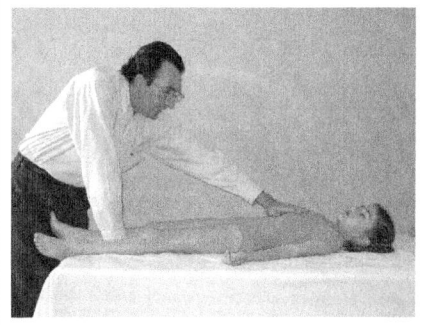

| EXPLORACIÓN DEL TIPO DE RESPIRACIÓN. Se pide que tome aire para palpar si llena el abdomen o el tórax en la inspiración y se deprime en la espiración. |
| --- |

2. **Capacidad Respiratoria**. Se explora la intensidad y el volumen máximo de aire que entra en los pulmones con una inspiración forzada y el que sale con una espiración forzada.

Con una espiración forzada no sale todo el aire y siempre queda un volumen residual de aire en los pulmones.

Para evaluar la función respiratoria se usa el Espirómetro, que sirve para medir la cantidad máxima de aire que se puede inhalar y exhalar con una inspiración profunda.

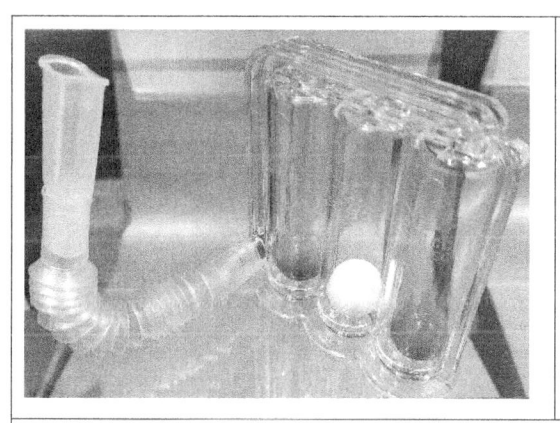

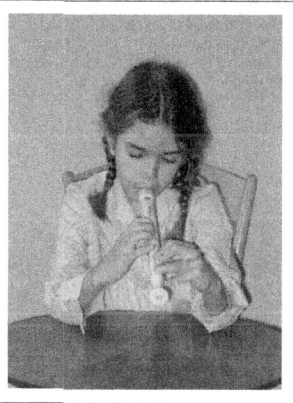

EJERCITADOR DE BOLAS. Según el volumen espiratorio se puede levantar una, dos o tres bolas. Igual ocurre con una inspiración forzada. La flauta es de utilidad para mejorar el control respiratorio y ejercitar el control del flujo de aire en el soplo.

La espirometría es de utilidad para controlar el estado de los pulmones y para detectar posibles problemas respiratorios como asma y otras enfermedades.

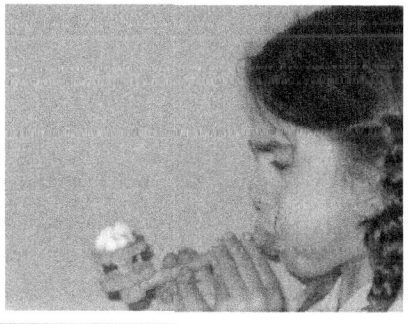

EXPLORACIÓN DEL CONTROL DEL SOPLO. Se le pide que sople con la intensidad necesaria para elevar una bola ligera y mantenerla en el aire durante un momento.

3. **Control del Soplo**. Se explora si puede dirigir el soplo y realizar distintos tipos de soplo (largo, corto, entrecortado, débil o fuerte) ya que para el control de la respiración es importante retener el aire y saber expulsarlo de distintas formas: rápidamente, de forma entrecortada, con un flujo

Existen numerosos juguetes que combinan la intensidad y el control del soplo que, además, de servir para explorar la espiración mejoran el control respiratorio.

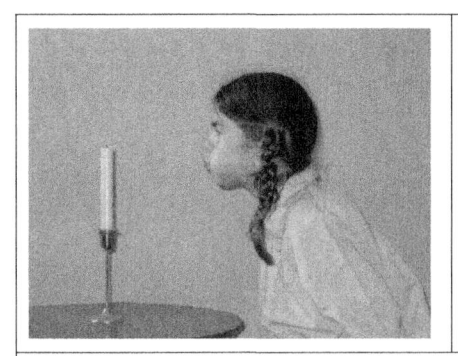

| EXPLORACIÓN DEL SOPLO. Se le pide que apague la llama de una vela situada a medio metro para la intensidad. Después se le pide que haga temblar la llama sin que se llegue a apagar para comprobar el control del flujo de aire. |
| --- |

4. **Ciclo Respiratorio**. Se explora si reconoce las distintas partes del ciclo respiratorio y si es capaz de modificar voluntariamente dicho ciclo. Para valorar el control del ciclo respiratorio se propone que haga dos intervalos de apnea entre la inspiración y la espiración. Primero inspiración, retención del aire en los pulmones, después espiración y esperar antes de tomar de nuevo aire.

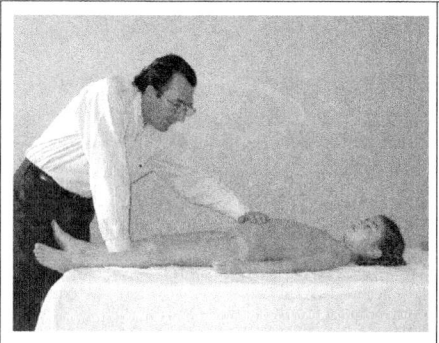

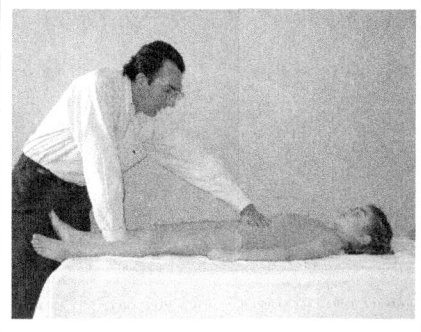

EXPLORACIÓN DE LAS FASES DE LA RESPIRACIÓN. Se pide que tome aire por la nariz (inspiración), que lo retenga un momento en los pulmones, que lo expulse por la boca (espiración) y que espere un momento antes de tomar aire de nuevo.

Después se le pide que realice distintos tipos de ciclo respiratorio combinando inspiraciones profundas, rápidas y entrecortadas con espiraciones largas, lentas y entrecortadas, con y sin intervalos de apnea.

Para la relajación respiratoria, además de ir ralentizando el ritmo respiratorio, es necesario alargar los periodos de apnea, antes y después de la inspiración.

En la relajación respiratoria se alargan, de forma controlada, las pausas entre la inspiración y la espiración para reducir el aporte de oxígeno al cerebro y provocar con ello el estado de sedación.

# EXPLORACIÓN DE LAS PRAXIAS BUCOFONATORIAS

El examen de las praxias faciales y bucofonatorias se abordan de forma más detallada en el apartado siguiente que trata sobre la exploración de los nervios craneales cerebrales y los movimientos de la cara, el cuello y los músculos encargados de la gesticulación, la fonación y la articulación del lenguaje.

Aquí se va a explorar básicamente la motricidad de la musculatura responsable de la articulación del lenguaje, los movimientos de la lengua, de los labios, de la mandíbula, de las mejillas y del paladar blando, situado detrás del istmo de fauces y se explora con la emisión de sonidos guturales.

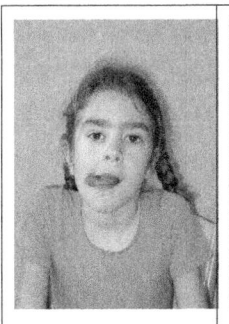

EXPLORACIÓN DE LOS MOVIMIENTOS ARTICULATORIOS. Se valoran las praxias linguales, labiales, faciales, mandibulares y palatinas.

1. **Motricidad de la Lengua**. Se exploran los movimientos de la lengua, dentro y fuera de la boca que, a nivel periférico, dependen de los nervios hipoglosos, que son el XII par de nervios craneales.

En la exploración de la lengua se observa si están limitados por alguna parálisis parcial o por acortamiento del frenillo, si la puede mantener inmóvil y recta fuera de la boca o si aparece algún temblor.

También hay que observar si hay atrofia de media lengua o si se desvía hacia un lado en cuyo caso hay que pensar en una lesión del nervio hipogloso del lado atrofiado, del lado contrario a donde se desvía la lengua.

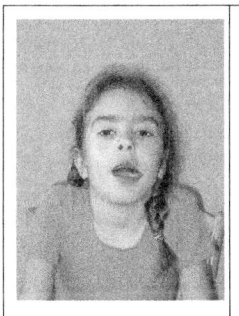

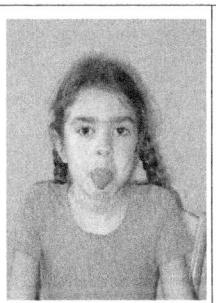

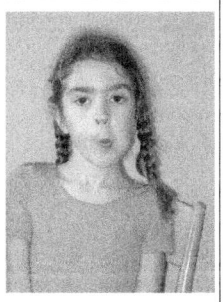

EXPLORACIÓN DE LOS MOTRICIDAD DE LA LENGUA. Se le pide que mueva la lengua fuera y dentro de la boca. De una comisura a otra, arriba y abajo, que la mantenga inmóvil fuera de la boca, que haga un canalillo fuera de la boca y que presiones por dentro un carrillo y otro.

2. **Motricidad de los Labios.** Se exploran los movimientos de los labios y se observa si hay alguna limitación de la motricidad, en cuyo caso puede ir asociada a una desviación en la comisura bucal o asimetría de la cara ya que tanto los movimientos de labios como de mejillas dependen a nivel periférico de los nervios faciales, el VII par de nervios craneales.

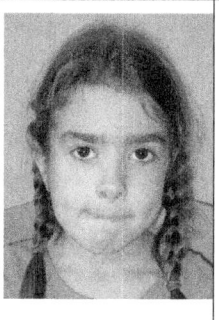

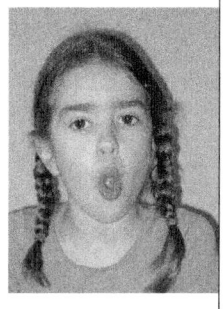

EXPLORACIÓN DE LA MOTRICIDAD DE LOS LABIOS. Se le pide que ponga morritos con los labios hacia fuera, después hacia dentro, chupar y que haga como si diera un beso.

3. **Motricidad de las Mejillas.** Se exploran los movimientos de mejillas con actividades de soplo y se observa si hay asimetría en la cara que puede indicar una alteración del VII par. Se observa si hay desviación en la comisura bucal al enseñar los dientes o asimetría por aplanamiento de un surco nasogeniano, que va desde la cara externa de la fosa nasal a la comisura bucal del mismo lado.

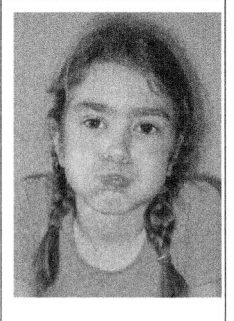

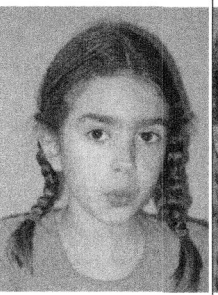

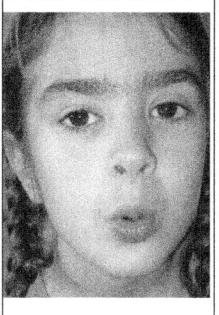

EXPLORACIÓN DE LOS MOVIMIENTOS DE MEJILLAS. Se le pide que infle los carrillos, enseñe los dientes y que silbe o, si no sabe, que sople.

4. **Motricidad de la Mandíbula.** Se exploran los movimientos de masticación y de lateralización de la mandíbula dependen de la rama motora de los nervios trigéminos, que son el V par de nervios craneales.

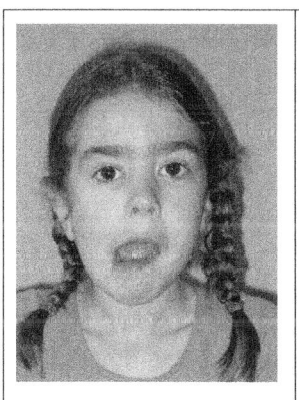

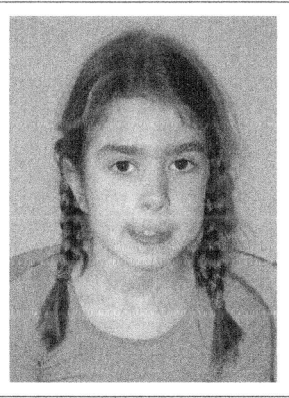

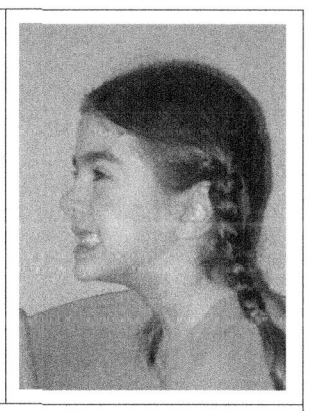

EXPLORACIÓN DE LOS MOVIMIENTOS DE MANDIBULA. Se pide que la mueva hacia los lados, hacia delante y detrás y que apriete los dientes para palpar si la tensión en los músculos maceteros es simétrica o no.

5. **Motricidad del Paladar Blando.** Se exploran los movimientos del paladar blando, situado detrás de la úvula o campanilla, proponiendo que emita distintos sonidos guturales y se observa se mueve simétricamente o por el contrario no se eleva un lado del istmo de fauces: signo de la cortinilla.

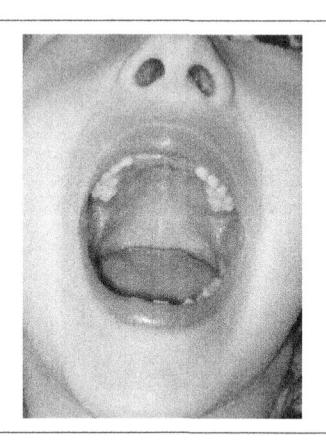

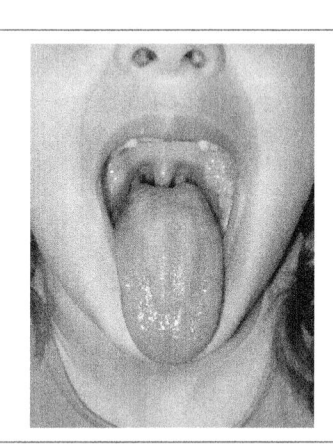

EXPLORACIÓN DE LOS MOVIMIENTOS DEL PALADAR BLANDO. Se le pide que emita sonidos guturales y se observa si se mueve el istmo de fauces, junto a la campanilla, de forma simétrica.

6. **Participación de la praxias en la emisión de fonemas.** Las praxias labiales participan en la emisión de los fonemas bilabiales /p/ /b/ /m/ y el fonema labio dental /f/

Las praxias linguales participan en la emisión de la mayoría, en los fonemas linguo dentales /t/ /d/ /z/, en los fonemas linguo alveolares /s/ /n/ /l/ /r/ /rr/ y en los fonemas linguo palatinos relacionados a continuación.

Las praxias palatinas participan en la emisión de los fonemas linguo-velares /g/ /j/ /k/, en los fonemas linguo-palatales /ch/ /i/ /ll/ /ñ/ y en las vocales.

## IV. EXAMEN DE LOS NERVIOS CRANEALES

El examen de los doce pares de nervios craneales, aún siendo una valoración especial y no necesariamente parte del balance psicomotor, es de gran utilidad para evaluar la sensibilidad y motricidad de cabeza, cara y cuello así como para valorar la integridad funcional del tronco cerebral. Los doce pares craneales, cada nervio para la mitad de la cabeza, cara y cuello, conectan el tronco cerebral con los órganos encargados de recoger la información sensorial y sensitiva así como el control de la musculatura bucofonatoria, facial, de los hombros y del cuello.

La exploración de los pares craneales, si se realiza con pulcritud, es de utilidad para detectar la alteración de alguno o algunos de los veinticuatro nervios craneales y para descartar una disfunción del tronco cerebral. Su valoración nos permite descartar, o no, la alteración de algún nervio craneal así, por ejemplo, un defecto en la motilidad ocular (pares IIII, IV, VI) podría indicar una disfunción del tronco cerebral.

Otros signos de interés como hipotonía y limitación de la motilidad de la lengua (XII par), abolición del reflejo palatino (IX par), incapacidad para hinchar las mejillas (VII par) o hipoacusia, acúfenos o, incluso, equilibrio inestables (VIII par), en definitiva la afectación de los nervios facial, vestíbulo coclear, glosofaríngeo e hipogloso, reforzaría la hipótesis de un mal funcionamiento del tronco cerebral.

| PAR | NERVIO CRANEAL |
|---|---|
| I | Olfatorio |
| II | Óptico |
| III | Motor Ocular Común |
| IV | Motor Ocular Patético |
| V | Trigémino |
| VI | Motor Ocular Externo |
| VII | Facial |
| VIII | Vestíbulo-Coclear |
| IX | Glosofaríngeo |
| X | Neumogástrico |
| XI | Espinal |
| XII | Hipogloso |

**I. Nervio Olfatorio.** Recibe la información que procede de los filetes olfatorios. Su papel es fundamental en la percepción y reconocimiento de olores. En el interrogatorio hay que preguntar si últimamente percibe olores desagradables y si nota mal sabor en la comida. En la exploración la niña debe reconocer olores familiares por cada orificio nasal por separado así como sabores familiares (ver el capítulo valoración sensorial).

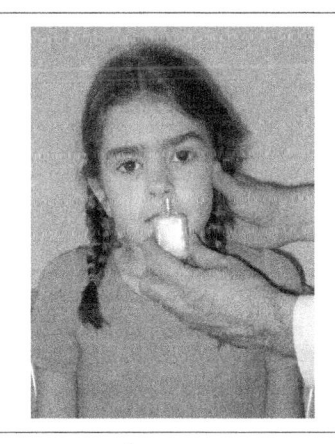

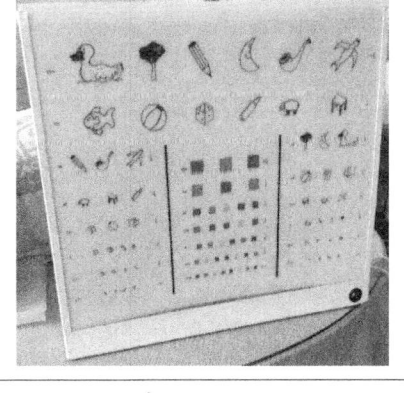

| EXPLORACIÓN DEL OLFATO. Se usan Laboratorios de Aromas. | EXPLORACIÓN DE LA AGUDEZA VISUAL con un optotipo. |
|---|---|

**II. Nervio Óptico:** Cada uno recibe la información visual de los dos ojos, que se cruza en el quiasma óptico, y la lleva hasta el lóbulo occipital de cada hemisferio cerebral (campo visual externo de un ojo e interno del otro). Se explora la agudeza visual de los ojos por separado con optotipos de visión lejana y cercana (para miopía e hipermetropía) y la integridad de los campos visuales: central, medio y periférico (Campimetría).

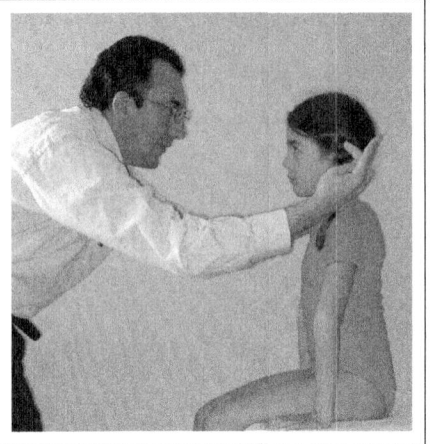

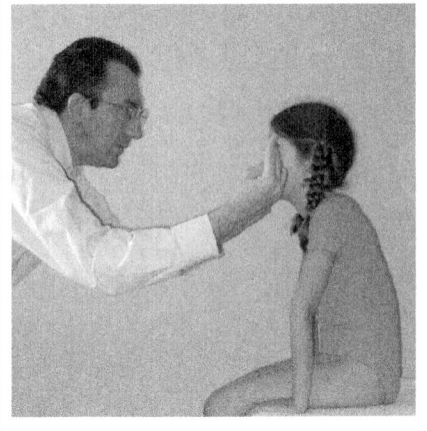

CAMPIMETRÍA. Con los ojos abiertos, mirando los ojos del examinador, mover los dedos, índice y anular de ambas manos, desde detrás de la cabeza hacia delante, para que indique cuando los empieza a ver.

Para valorar los campos visuales se utiliza un campímetro de cúpula o, menos objetiva, exploración de los campos visuales periféricos moviendo los dedos a ambos lados de la cabeza. La pérdida de un campo visual periférico se puede intentar corroborar con el Reflejo de Amenaza, al acercar el dedo del examinador al ángulo externo del ojo se produce parpadeo.

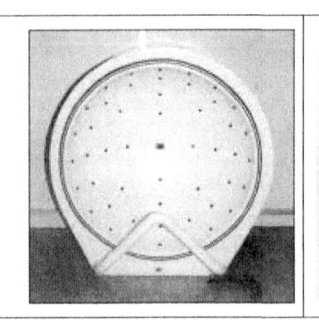

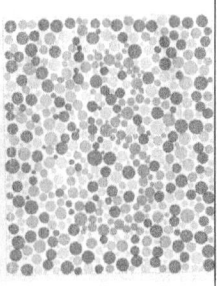

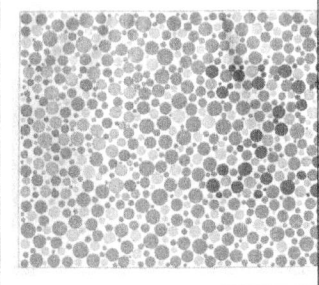

CAMPÍMETRO DE CÚPULA. Para valorar la visión de los campos visuales.

LÁMINAS PARA LA VISIÓN CROMÁTICA, Se usan para detectar defectos, para la visión de colores.

Si no ve alguno de los campos visuales, puede tratarse de una hemianopsia, derecha o izquierda, pérdida de ese campo visual que obliga a lateralizar la mirada.

Aunque la causa es un defecto en los pigmentos de las células del ojo que perciben el color, es conveniente valorar la visión de los colores, y descartar un Defecto Cromático de la Visión, para lo que se utilizan test de colores como el TIDA (Test de Identificación del Daltonismo) o el Test de Ishihara que pueden detectar ceguera o debilidad para percibir alguna gama de colores. Los defectos en la visión cromática pueden ser ceguera para todos los colores, para rojo y verde o para amarillo y azul, y debilidad para la sensación de rojo y verde o amarillo y azul.

**III, IV, VI. Motores Oculares**: Tres parejas de nervios craneales que son los responsables de los movimientos extrínsecos de los ojos, movimientos de los globos oculares, e intrínsecos, contracción y dilatación de la pupilas.

En la valoración si hay limitación en los movimientos oculares y anejos al ojo se observa, también, si hay caída del párpado, estrabismo ya sea convergente o divergente, si al lateralizar la mirada hay nistagmus, horizontal al mantener la mirada lateral, vertical al mantenerla arriba o abajo y giratorio.

Para valorar la motricidad intrínseca de cada ojo se observa si hay alteración de las pupilas en forma, en tamaño, si son de distinto tamaño y reacción a la luz.

MOTILIDAD DEL GLOBO OCULAR. Para valorar los movimientos extrínsecos de los ojos, mirar hacia un lado y hacia otro lado, mirar hacia arriba y mirar hacia abajo.

Además de la inspección se debe explorar el Reflejo de Acomodación, al enfocar un punto cercano los ojos convergen y se contrae el iris, el Reflejo Fotomotor, contracción del iris al enfocar una luz, y el Reflejo Consensual, al enfocar una luz en un ojo se contrae también el iris del otro.

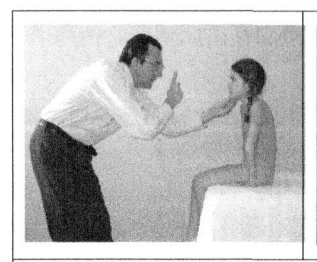

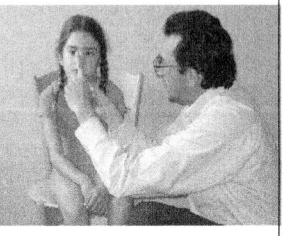

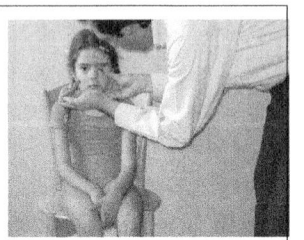

REFLEJO DE ACOMODACIÓN, con ojos abiertos, mirar la punta del dedo a medio metro y acercarlo, al acomodar la mirada, las pupilas se contraen y convergen hasta el estrabismo.

NISTAGMUS, al mantener la mirada lateralizada un momento aparecen finas sacudidas del globo ocular hacia ese lateral, o si se mantiene hacia arriba, abajo o con un movimiento circular.

REFLEJO FOTOMOTOR, con los ojos cerrados, abrir uno, enfocar el iris con la linterna, este se contrae y se cierra.

REFLEJO CONSENSUAL, al enfocar una pupila también se contrae la otra

**V. Nervio Trigémino**: El nervio trigémino tiene una rama motora, una sensitiva y una sensitiva motora. Es el encargado de la motricidad de la mandíbula y de la sensibilidad de la frente, mejillas y maxilares.

La rama motora se valora con una exploración de la motricidad de la mandíbula, la rama sensitiva con una exploración táctil, térmica y dolorosa y la rama sensitivo motora con el Reflejo Corneal.

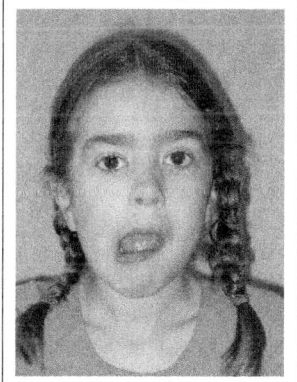

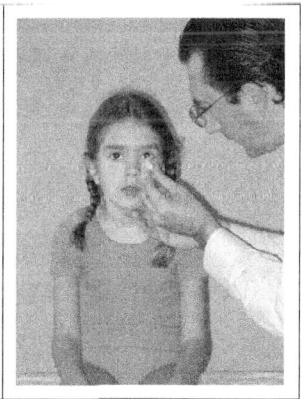

| |
|---|
| APRETAR LOS DIENTES, palpar los músculos maceteros para descartar que tengan distinto grado de contracción. MOVER LA MANDIBULA lateralmente y hacia delante y detrás. |
| REFLEJO CORNEAL, con los ojos abiertos, tocar suavemente la cornea de cada ojo con un algodón provoca un parpadeo. TOCAR también la frente y la mejilla para que indique si lo siente |

En la afectación del nervio trigémino afecta a la contracción de los músculos maseteros y temporales lo que dificulta la masticación y limita los movimientos de la lateralización y propulsión y retropulsión de la mandíbula.

La dificultad para la apertura de la boca total o parcial es el trismo o trismo que es debido a un problema en la contracción involuntaria de los músculos masticatorios que puede afectar a la masticación y a la articulación del lenguaje. Suele ser secundario a un problema dental y es más frecuente en personas adultas.

**VII. Nervio Facial**: Tiene dos ramas, facial superior y facial inferior, con funciones motoras y sensoriales. La afectación de uno de los nervios faciales provoca una asimetría característica de la cara con desviación de la comisura bucal al lado sano.

En la exploración se observa la capacidad de inflar las mejillas, de silbar, de apretar los párpados o de arrugar la frente. Para la valoración sensorial la capacidad de identificar un sabor en la lengua.

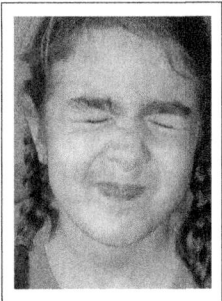

CERRAR FUERTE LOS PÁRPADOS palpar con la yema del dedo índice la tensión de los músculos orbicular de los ojos en el ángulo externo del ojo. ENSEÑAR DIENTES para ver si se desvía la comisura bucal. HINCHAR LOS CARRILLOS para ver asimetría o fuga de aire. SOPLAR para observar la intensidad de la salida de aire. PONER MORRITO para valorar la contracción del músculo orbicular de los labios.

**VIII. Nervio Vestíbulo-Coclear**: Cada par de nervios, también denominados estato acústico, tiene una rama coclear para la audición y una rama vestibular para el equilibrio por lo que hay que valorar ambos aspectos.

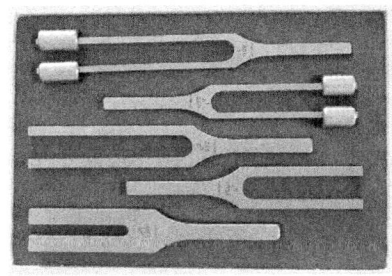

Para valorar la integridad de la rama coclear o auditiva se puede explorar con un diapasón (horquilla vibrante de acero) la conducción aérea y la conducción ósea.

Para valorar la agudeza auditiva se usan cinco diapasones con frecuencias de vibración 128, 256, 512, 1024 y 2048 Hz.

| 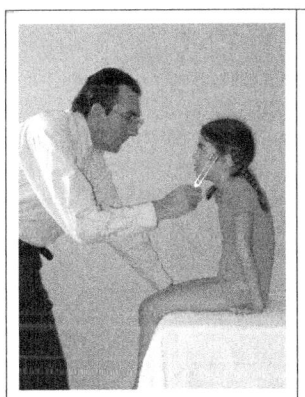 CONDUCCIÓN AÉREA. | 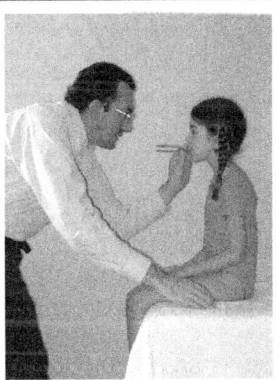 CONDUCCIÓN ÓSEA. | 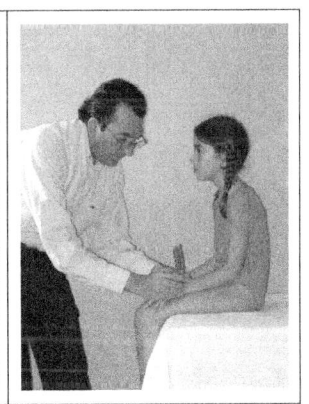 CONDUCCIÓN ÓSEA |
|---|---|---|
| Se hace vibrar el diapasón con golpe seco en una superficie, se acerca al conducto auditivo externo. | Se hace vibrar, se apoya la base del diapasón en la frente y que muerda el cabo para sentirlo vibrar. | Se hace vibrar, se apoya en el radio a la altura de la muñeca y que indique si percibe la vibración. |

Para descartar una hipoacusia de transmisión se usa de forma combinada la Prueba de Rinne para la hipoacusia de conducción y la Prueba de Weber para la hipoacusia neurosensorial. Ante cualquier sospecha de pérdida auditiva es necesario derivar a un especialista para una audiometría.

| 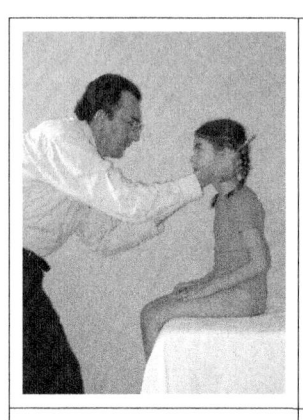 PRUEBA DE RINNE. Al dejar de percibir la vibración del diapasón, se apoya en la apófisis mastoides (está detrás del pabellón auricular), se acerca a oído del mismo lado y si oye el sonido se interpreta que está conservada la conducción aérea. | 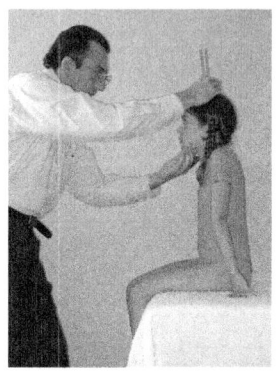 PRUEBA DE WEBER. Se apoya el diapasón en la parte superior del cráneo y si con un oído oye más fuerte la vibración se sospecha que puede haber una hipoacusia transmisión o una neurosensorial que se debe verificar con una audiometría. |  ACUMETRÍA. Se hace con cinco diapasones de frecuencias de vibración 128, 256, 512, 1024 y 2048 hercios y detectan una pérdida de agudeza auditiva <br> AUDIOMETRÍA confirmar si se sospecha pérdida. |
|---|---|---|

Para la exploración auditiva con diapasones se llama acumetría y se utilizan cinco con distintas frecuencias de vibración. Se hace vibrar cada diapasón, dando un golpe seco sobre una superficie, y se acerca un conducto auditivo y después a otro para que indique si percibe las cinco frecuencias.

La acumetría es sólo una prueba orientativa que hay que completar con una audiometría tonal para valorar la pérdida auditiva y vocal o para valorar la calidad de la audición.

Para la rama vestibular se valora equilibrio con la prueba de Romberg y la influencia de los cambios de la posición de la cabeza sobre el mantenimiento de la postura y la estabilidad del eje medio corporal.

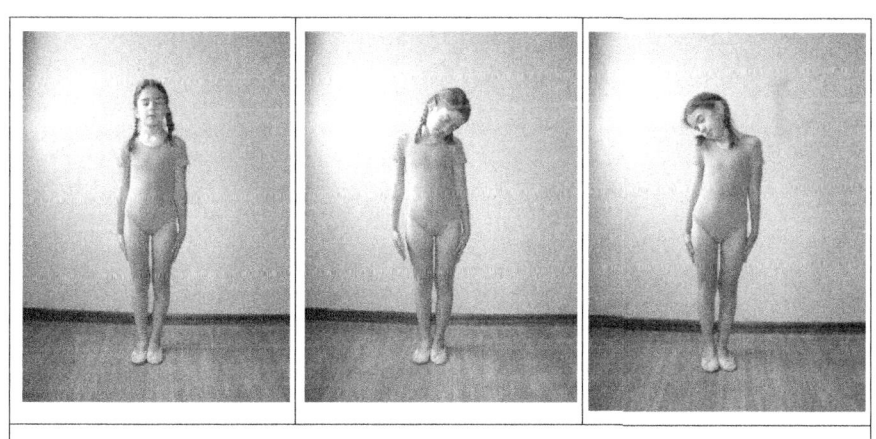

PRUEBA DE ROMBERG. De pié, con pies juntos, ojos cerrados y cabeza recta, mantenerse inmóvil sin perder el equilibrio. Después apoyar la cabeza en un hombro y en otro para ver si hay desequilibrio o desviación del eje medio hacia el lado que inclina la cabeza que indicaría una posible afectación vestibular.

En el apartado de valoración del equilibrio se han expuesto otras pruebas que se usan y complementan a esta como la Marcha en Estrella. Aparece al intentar caminar en línea recta hacia delante y detrás, con los ojos cerrados, y en lugar de un recorrido lineal pierde la línea de progresión desviando el recorrido y describiendo la trayectoria sobre el suelo un patrón que asemeja una estrella.

**IX. Nervio Glosofaringeo**: Esta pareja de nervios con fibras sensitivas y motoras en velo del paladar, faringe y parte posterior de la lengua es responsable, junto al par X de nervios craneales Neumogástricos, de la deglución. En el interrogatorio se pregunta si tiene dolor al tragar, dificultad en la deglución o pérdida de sabor. Se explora el Reflejo Faríngeo o Reflejo Nauseoso para ver si está abolido y Reflejo Palatal o Palatino para descartar un trastorno en la deglución.

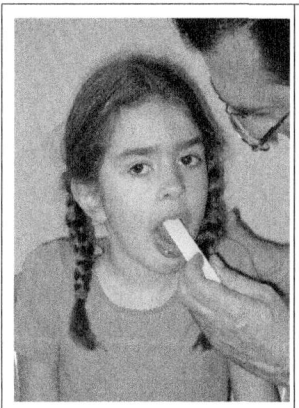

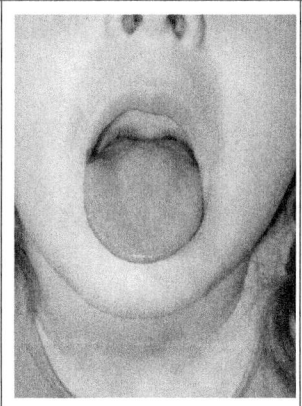

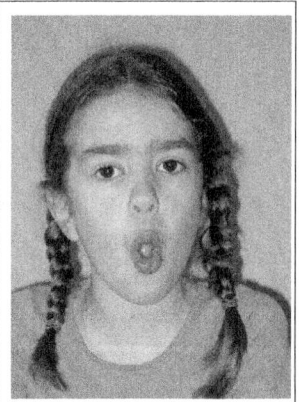

| REFLEJO FARÍNGEO o NAUSEOSO al tocar con el depresor el velo del paladar o la campanilla se contrae la faringe, provoca náuseas e incluso vómito.<br>REFLEJO PALATAL la estimulación con el depresor del paladar provoca el movimiento ascendente del velo del paladar como en la deglución.<br>EMITIR SONIDOS GUTURALES. Hay que palpar la vibración del cuello y ver si se desvía de la campanilla. |
|---|

**X. Nervio Neumogástrico**: Nervio sensitivo y motor inerva la musculatura del velo del paladar, la laringe y la faringe, responsables de la deglución y de la fonación.

Hay que preguntar en el interrogatorio si tiene algún problema en la deglución (salida de líquido por la nariz), en la fonación (afonía, voz nasal o voz bitonal) o dificultad respiratoria. Se observa la simetría del velo del paladar y se explora el Reflejos Faríngeo para ver si la contracción es débil o asimétrica, que indicaría en este último caso la afectación del nervio neumogástrico de ese lado. Los nervios neumogástrico y glosofaríngeos tienen funciones complementarias.

**XI. Nervio Espinal**: Este par craneal es exclusivamente motor y responsable de los movimientos del cuello y los hombros. En la exploración se valora la fuerza de los músculos de los esternocleidomastoideo al girar o empujar con la cabeza lateralmente y trapecios al levantar los hombros. Se realiza sin resistencia primero y después con la oposición de las manos del examinador sobre los hombros o apoyada en la cara para que empuje lateralmente.

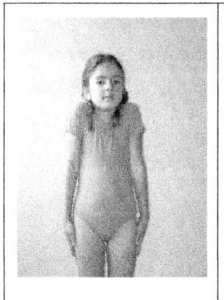

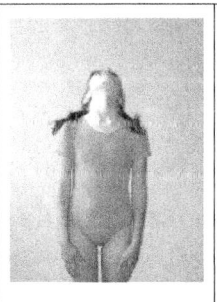

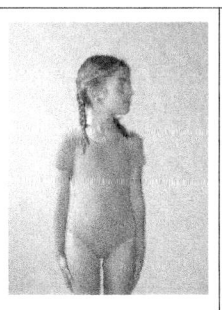

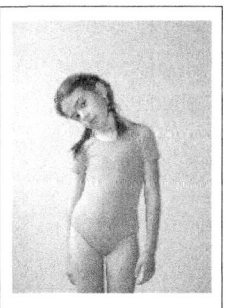

LEVANTAR Y BAJAR LOS HOMBROS sin y con resistencia (apoyamos las manos en sus hombros para oponer una leve resistencia). INCLINAR LA CABEZA delante y detrás y a un lado y a otro sin resistencia. GIRAR LA CABEZA a un lado y a otro y EMPUJAR lateralmente con cabeza contra la mano examinador que ofrece una ligera resistencia.

**XII. Nervio Hipogloso**: Es responsable de la motilidad de la lengua, de gran importancia para la articulación del lenguaje. Para valorar su integridad se exploran los movimientos de la lengua, dentro y fuera de la boca.

Hay que observar si hay disminución de la motilidad, frenillo lingual corto, temblor, atrofia o desviación hacia un lado, en cuyo caso indica la afectación de uno de los nervios del par y la desviación es al lado sano.

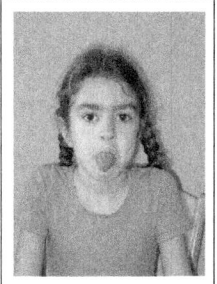

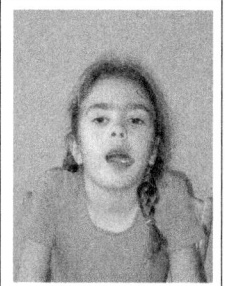

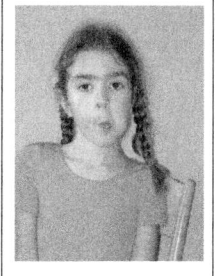

| SACAR, METER Y MANTENER FUERA para observar si hay temblor en la punta de la lengua o desviación hacia un lado. DE COMISURA A COMISURA por labio y arco dentario superior e inferior. DENTRO DE LA BOCA hacer canalillo y presionar con la lengua los carrillos. |
|---|

La exploración de los nervios craneales cerebrales tienen la finalidad de comprobar la integridad funcional del tronco cerebral y de la conducción de los impulsos nerviosos a las estructuras periféricas, responsables de la motilidad, sensibilidad y sensorialidad de la cabeza, la cara, el cuello y los hombros.

# CASOS PRÁCTICOS DE BALANCE PSICOMOTOR Y PROGRAMACIÓN DE TERAPIA PSICOMOTRIZ

La finalidad del Balance Psicomotor es determinar el nivel madurativo en las distintas áreas del desarrollo para elaborar un programa individual para mejor del desarrollo psicomotor. A continuación se describen distintos tipos de casos con el Balance Psicomotor con una propuesta de intervención:

- CASO 1. Niña de 3 años. Trastorno Psicomotor Grave.
- CASO 2. Niño de 7 anos, Sindrome de Torpeza Motora.
- CASO 3. Niño de 9 años con Lateralidad Contrariada.
- CASO 4. Niño de 8 años, Trastorno Psicomotor Leve.
- CASO 5. Niña de 5 años con Ataxia Cerebelosa.

Se trata de casos reales adaptados a perfiles estándar que puedan servir de referencia para la elaboración de un informe y en los que se ha suprimido cualquier referencia de filiación para garantizar la confidencialidad de los datos. Algunos de los aspectos de los programas se han tomado de otros casos para ampliar y abordar más detalles y pormenorizar más las distintas técnicas de intervención para que sea más completa.

## PROGRAMAS DE DESARROLLO PSICOMOTOR

A partir de los resultados obtenidos con el Balance Psicomotor se puede elaborar una programación sistemática que incide de igual forma en todas las áreas del desarrollo o una programación sesgada que priorice la intervención en unas áreas del desarrollo sobre otras. En cualquiera de los supuestos el programa de intervención tiene que abordar todas las áreas del desarrollo psicomotor.

1. Actividades NEUROMOTORAS (automatización motora)
- Tono Muscular
- Equilibrio
- Coordinación de movimientos

2. Actividades PERCEPTIVOMOTORAS (percepción)
- Lateralidad
- Estructuración Espacio-Temporal
- Imagen Corporal

3. Actividades PRAXICAS (planificación de acciones)
- Praxias Globales
- Praxias Manipulativa
- Praxias Bucofonatorias
- Praxias Respiratorias

# CASO 1. TRASTORNO PSICOMOTOR GRAVE

## ANAMNESIS:

Niña de 4 años que acude a consulta con sus padres por presentar ausencia del lenguaje oral y deficiente control de la coordinación de movimientos tanto a nivel locomotor como manipulativo. Parto por cesárea a las 32 semanas de gestación con rotura prematura de membranas. Test de Adgar 9/10. Peso al nacer 1'830 kilogramos, 40 centímetros y perímetro cefálico 30 cm. Permanece en incubadora durante 32 días, presentando el segundo día temblores causados, al parecer, por hipoglucemia. Control de cabeza a los 4 meses, consigue la sedestación a los 9 meses e inicia la marcha a los 15 meses. En el área del lenguaje se encuentra en la actualidad a nivel prelingüístico Está diagnosticada de retraso madurativo, más acentuado en el área de lenguaje, asociado a hiperquinesia.

## DINÁMICA FAMILIAR:

Es hija única, fruto de un embarazo deseado. La familia tiene un nivel sociocultural alto y los padres muy buen nivel de cualificación profesional en el sector sanitario.

En el domicilio familiar también conviven, con cierta frecuencia, dos tías de la niña y una muchacha, que se ocupa de la niña y de la casa. Con las tres tiene una excelente relación. Además de los terapeutas, también se relaciona frecuentemente con tíos y primos.

**ATENCIÓN TEMPRANA:**

Asiste a una guardería privada en la que detectaron una alteración en el curso normal del desarrollo y fueron ellos los que recomendaron a la familia que acudiera a un Centro de Atención Infantil Temprana (CAIT). En la actualidad recibe tratamiento, dos días por semana, en un Centro Atención Infantil Temprana concertado y, además de esta atención, recibe tratamiento privado en su casa de una logopeda tres días por semana. La intervención terapéutica de la logopeda aborda las cuatro áreas del desarrollo: motor, perceptivo, lenguaje y socialización.

**1. EXPLORACIÓN DE LAS FUNCIONES CEREBRALES SUPERIORES**

Durante la valoración mostró una actitud poco colaboradora con escasa motivación y deseo de superación.

El uso del lenguaje expresivo es inexistente, no pronuncia papá ni mamá. El lenguaje comprensivo es difícil de evaluar ya que no sigue órdenes sencillas y no contesta de forma verbal ni corporal.

Tiene una deficiente capacidad de atención, se muestra muy dispersa e inconstante durante la valoración. Esa dificultad en el aprovechamiento de los recursos personales (no atiende, ni se centra, ni completa las tareas) empobrece el los resultados obtenidos en la exploración

Su estado emocional es alegre y desenfadado con los adultos. Evita las relaciones con otros niños de su edad y prefiere a los que son más pequeños que ella. Con frecuencia tiene rabietas explosivas de poca duración.

## 2. EXPLORACIÓN DE LOS NERVIOS CRANEALES

No se observa ninguna alteración de los pares craneales explorados. No hay caída de párpados, ni estrabismo, los movimientos oculares son correctos, no se observa nistagmo, no hay alteración de las pupilas en la forma ni en el tamaño, el reflejo de acomodación, el reflejo fotomotor y el reflejo consensual están conservados.

La deglución es correcta, la fonación posible, no se observa asimetría del velo del paladar, el reflejo palatino y el reflejo faríngeo están conservados, no se observa alteración en la motilidad de la lengua, ni desviación, ni fibrilación.

La motilidad de la cara es correcta y las facciones simétricas. Buena motilidad de la frente, puede arrugar la frente y elevar las cejas, los párpados, la mandíbula y tienen buena funcionalidad como los músculos del cuello y de los hombros.

La falta de colaboración y la dificultad en la comunicación ha impedido explorar los pares craneales I, II y VIII.

## 3. EXPLORACIÓN DE LA FUNCIÓN MOTORA

En la exploración muscular no se observan fasciculaciones ni atrofias ni deformidades. Se aprecia un discreto aumento del tono muscular pero en las movilizaciones pasivas no aparece rigidez de cérea ni rigidez en rueda dentada. No tiene adquirida la noción de contraste tónico a nivel global ni segmentario (contra y relajar voluntariamente todo el cuerpo o sus partes).

No controla la pasividad muscular en piernas ni en brazos, con tendencia a realizar el movimiento de forma activa. Los reflejos musculares profundos son vivos bilaterales y simétricos. Reflejo plantar en flexión sin aparición del signo de Babinski. El reflejo cutáneo abdominal está conservado.

Aunque tiene un buen control postural se observa cierta dificultad para mantener el equilibrio tanto en la inmovilidad como en los cambios posturales como en la deambulación. La inestabilidad durante el desplazamiento hace necesaria la participación de los brazos para facilitar el equilibrio con movimientos distales para redistribuir el peso del cuerpo alrededor del eje medio.

Las piernas tienen una deficiente alineación con aproximación de las rodillas. Los pies tienen un arco plantar aplanado inclinados hacia el centro en posición talo valgo. La inclinación del pie determina o genu valgo (piernas en X) y aumento de la base de sustentación con balanceo del eje medio corporal durante la marcha. El desarrollo locomotor se encuentra a nivel inicial de marcha.

El patrón locomotor de carrera es muy inmaduro con participación de los brazos para mantener el equilibrio y si fase de vuelo en la zancada. El patrón de salto también es muy inmaduro, asimétrico en el despegue y en el aterrizaje y con poco alcance, dificultado por la apertura de la base de sustentación. Sube y baja escaleras alternando los pies sujeta al pasamano.

Refieren los padres observan que se mueve mucho y cambia con frecuencia de actividad y, aunque no refieren impulsividad (reacción rápida ante un estímulo sin pensar el los resultados) es conveniente verificarlo ya que la hiperactividad, la atención dispersa y la impulsividad configura una tríada sintomática que orienta a un TDAH (trastorno por déficit de atención con hiperactividad).

## 4. EXPLORACIÓN DE LA DOMINANCIA LATERAL

La niña tiene lateralidad no definida y utiliza, indistintamente, un hemicuerpo y otro para realizar las actividades popuestas para una mano y un pie..

Además de no haber preferencia en la elección de mano o de pie en las actividades propuestas y tampoco se observa una diferencia significativa en la destreza motriz entre un hemicuerpo y otro. No reconoce la derecha ni la izquierda, como es lógico, dado que no ha lateralizado.

## 5. EXPLORACIÓN DE LA IMAGEN CORPORAL

No tiene conciencia definida del propio cuerpo, de sus posibilidades motrices y de sus limitaciones. La imagen de sí misma en relación con el entorno es muy inmadura sin una idea real de sus limitaciones hasta el punto de no tener miedo al peligro. Esta aparente confianza contrasta con una actitud de rechazo a sus iguales, más propia de una falta de confianza en sí misma. Prefiere relacionarse con adultos y con niños y niñas más pequeños que ella con quienes, al parecer, se siente segura. Este es un aspecto del desarrollo psicomotor de suma importancia ya que puede generar una actitud manipuladora en sus relaciones con los demás.

Durante la exploración no evidenció inseguridad ni miedo al fracaso pero sí se manifiesta inconstante en la realización de las actividades propuestas Esta falta de hábito de trabajo es una dificultad que hay que afrontar de forma unificada inculcando una rutina en las tareas cotidianas de su vida familiar y escolar

El conocimiento del esquema corporal es muy deficiente, no identifica las partes más importantes en su cuerpo ni en un dibujo y tampoco identifica posiciones y formas de desplazamiento más comunes.

## 6. EXPLORACIÓN DE LA ORGANIZACIÓN ESPACIAL

Hace un uso correcto del espacio que ocupa desplazándose con decisión para explorarlo. En la organización del espacio no maneja nociones espaciales sencillas. El desarrollo madurativo se encuentra a nivel de espacio topológico (espacio subjetivo vivido afectivamente) por lo que es conveniente proponerle juegos y actividades en las que tenga que buscar y recorrer todos los rincones de los lugares en los que realiza su vida.

## 7. EXPLORACIÓN DE LA PERCEPCIÓN TEMPORAL

Le llama mucho la atención las distintas frecuencias rítmicas que marca el metrónomo hasta el punto que durante la exploración mantuvo fija la mirada en el balanceo del eje del metrónomo durante unos treinta segundos. No es capaz de reproducir una estructura rítmica sencilla. Cuando se lo indicamos intenta acompañar con palmas una canción infantil y muestra cierto interés aunque no sigue el ritmo.

## 8. EXPLORACIÓN DE LA ORGANIZACIÓN PRÁXICA

En la planificación motora es capaz de imitar una secuencia de movimientos sencillos a nivel global y segmentario

En la coordinación de movimientos necesarios para el uso de la ropa es capaz de quitarse solo algunas prendas pero no sabe desabrochar botones. Para ponerse la ropa necesita la ayuda de los adultos.

La coordinación manipulativa es deficiente, no tiene adquirida la independencia digital por lo que no maneja de forma eficaz la pinza digital (índice y pulgar) y tiende a sujetar objetos con la pinza palmar (dedos y palma de la mano) por lo que manipula cubos y objetos pequeños con dificultad.

Tiene adquirido algunos hábitos en la mesa, come sentada con la supervisión de los adultos y empieza a utilizar cubiertos aunque la cuchara la usa con dificultad. Es capaz de coger un vaso y llevarlo hasta la boca para beber.

Tiene dificultad para la disociación manual de movimientos simultáneos de distinta naturaleza como ejecutar un movimiento distinto con cada mano. Esta dificultad aumenta cuando los movimientos tienen que hacerse a velocidades distintas, con una mano lenta y con la otra rápido.

No imita movimientos fonoarticulatorios ni fonemas dentales, labiales o vocálicos. No se observa alteración en la motilidad de los labios, la lengua, la mandíbula o el paladar blando. No tiene adquirido el control voluntario del soplo ni la interiorización del ciclo respiratorio inspiración y espiración

## PROGRAMA PSICOMOTOR

Las múltiples personas que inciden en la niña es un factor positivo de infinitas posibilidades sin embargo ese pilar que lo conforman varias personas es mucho más difícil de armonizar, ya que en la estimulación del desarrollo todos deben perseguir el mismo fin en cada momento y ser conocedores de las pautas de intervención.

El juego es el mejor revulsivo para estimular el desarrollo psicomotor. Las reglas del juego favorecen la aceptación de la norma, la actividad física proporciona experiencias corporales y los contenidos de los juegos le aportan conocimientos. Hay que hacer lo posible por introducir el juego en la dinámica familiar. Pero el juego para todos, no solo para la niña. Los padres y familiares también pueden disfrutar si lo toman con desenfado y sin mucha trascendencia.

**1) Atención**

La deficiente capacidad de atención es una dificultad que hay que abordar de forma prioritaria. Es conveniente iniciar el programa con actividades corporales para centrar la atención: mantener la inmovilidad, mover sólo una parte del cuerpo, saltar cuando escuche un determinado estímulo sonoro, buscar un objeto entrañable oculto entre otros.

Además de las actividades corporales es conveniente otras para favorecer la capacidad de centrar la atención, aunque pueden resultar más tediosas.

Para mejorar la atención es necesario llevar un registro del tiempo que es capaz de permanecer con una actividad, para inculcar de esa forma hábitos de trabajo.

Es importante que se familiarice con los lugares de trabajo y con el horario, que debe ser lo más sistemático posible. En cuanto a los recursos materiales utilizados en las sesiones de trabajos se deben incorporar de forma gradual, para no dispersar la atención.

**2) Tono muscular**

La elevación del tono muscular puede dificultar la eficacia en la realización de movimientos coordinados. Es conveniente utilizar la relajación de forma cotidiana, preferentemente después de alguna actividad física que le haya cansado, que va a favorecer el control de la pasividad muscular. Inicialmente es suficiente con que se mantenga tumbada escuchando una música suave.

Es conveniente llevar un registro de tiempo que es capaz de permanecer tumbada. Un masaje suave en piernas, brazos y espalda después del baño también tiene efecto relajante. Para que tenga la sensación muscular en las distintas partes es conveniente que realice movimientos segmentario de piernas y brazos. También es conveniente realizar actividades de contracción muscular mediante actividades en las que tenga que hacer fuerza, para que perciba el contraste tónico contracción-relajación.

## 3) Equilibrio

El equilibrio es algo inestable, por lo que es conveniente mejorar el control postural y afianzar la integración del eje medio corporal. Es conveniente que realice actividades en las que tenga que hacer continuos cambios posturales (de rodillas, sentada, agachada, acostada, a cuatro patas, siempre pasando por la posición de pie).

Para mejorar las reacciones de equilibración (inclinaciones del cjc medio, apertura de la base de sustentación y movimientos distales de brazos), es conveniente que camine sobre planos inclinados, como pendientes de un parque o pequeñas lomas en el campo. También es conveniente que camine sobre superficies de distinta consistencia, como césped, arena de playa, colchonetas, cojines planos o saquitos de arena.

## 4) Coordinación de movimientos

La marcha y la carrera están dificultadas por la mala alineación de las piernas. Es conveniente consultar a un traumatólogo su opinión sobre el genu valgo y si es conveniente tratamiento con plantillas. Las actividades al aire libre o en espacios amplios son las más adecuadas para favorecer la maduración de los patrones locomotores.

Además del afianzamiento de los patrones de marcha, carrera y salto, la actividad física y el deporte son de mucha utilidad para explorar sensaciones del propio cuerpo.

Experiencias en parques infantiles, en columpios, en balancín, camas elásticas y en parques acuáticos, son muy útiles para proporcionar sensaciones corporales e informar al sistema vestibular sobre la aceleración y la desaceleración, el desplazamiento circular y la posición de la cabeza en el espacio.

**5) Lateralidad**

Todavía no tiene un nivel madurativo suficiente para lateralizar, por lo que es conveniente iniciar con actividades de toma de conciencia de las dos partes del cuerpo. Para ello es conveniente proponer actividades monosegmentarias, en las que experimente con una mano y con otra, con un pie y con otro. Inicialmente no se debe condicionar la parte del cuerpo que se debe usar. En el futuro se le hará reflexionar sobre la dificultad que encuentra con una y otra, para ver si percibe que con una mano o con un pie es más hábil que con el otro o la otra.

**6) Imagen Corporal**

La falta de miedo al peligro es un factor de riesgo de accidentes. Esta actitud no se puede modificar mediante la prohibición, sin más, de todo lo que nos parezca peligroso. Todo lo contrario, es necesario que experimente con su cuerpo todas las posiciones y formas de desplazamiento (andar, correr, saltar, rodar, reptar, gatear), para que tenga una vivencia real de sus posibilidades y limitaciones.

Para la construcción del esquema corporal y el conocimiento del propio cuerpo, es conveniente que realice acciones con las distintas partes del cuerpo dirigidas y verbalizadas por un adulto: coger con la mano, patear la pelota con el pie, ponerse el sombrero en la cabeza, peinarse los pelos, comer con la boca, mirar con un ojo por un agujero, oír una caja de música pegada a la oreja, oler colonia con la nariz. Al tiempo que realiza la acción y verbaliza claramente la parte del cuerpo que participa se va a familiarizar con la parte del cuerpo y con la función que realiza.

**7) Organización espacial**

La falta de miedo antes comentada le permite recorrer el espacio con confianza. Este factor puede facilitar la exploración del espacio y las relaciones que se establecen entre este y su cuerpo. Es conveniente que realice actividades corporales que les facilite la comprensión de conceptos espaciales fundamentales. Para favorecer la adquisición de las nociones espaciales, es necesario que las actividades que realice tengan algún significado y que pueda comprender y participar.

Es más fácil entender las nociones espaciales básicas como arriba si se sube a una mesa y debajo si se coloca entre sus patas. Una simple caja de cartón puede hacer las veces de casita y en ella se puede estar dentro o fuera, estar abierta o cerrada, entrar o salir, estar lejos o cerca, y delante o detrás.

## 8) Percepción temporal

Durante la valoración mostró cierta atracción por el ritmo que puede ser útil para que interiorice las nociones temporales más importantes. Para la percepción de frecuencia rítmica y la adquisición de las nociones rápido y despacio es conveniente que se desplace andando o corriendo al ritmo, lento o rápido, que marcamos con palmas o algún instrumento de percusión.

Además de percibir el ritmo a través de la experiencia corporal, es conveniente que lo perciba por vía auditiva. Para ello es conveniente que escuche de forma habitual canciones infantiles, música clásica suave y distintos tipos de músicas con ritmo alegre. Cuando se familiarice con los ritmos y las melodías es conveniente que siga con palmas los distintos ritmos.

## 9) Praxias globales

La planificación de acciones es de las tareas más complejas, ya que además de la coordinación precisa de una serie de movimientos es necesario un alto grado de abstracción que permita pensar el movimiento antes de realizarlo.

Inicialmente podemos favorecer la capacidad de abstracción mediante distintas actividades de imitación. Es conveniente que imite corporalmente animales que conozca, desplazarse como si fuera ellos, para que acceda al componente simbólico del movimiento

Para facilitar el uso simbólico del movimiento es de utilidad narrarle un cuento para que ella represente corporalmente los distintos personajes que en él aparecen. Al igual que con la dramatización, la danza también es de utilidad para el uso simbólico del cuerpo.

Para favorecer la secuenciación de acciones y la memoria motriz, es conveniente que reproduzca movimientos, secuencia de movimientos y formas de desplazamiento que delante de ella hemos realizado.

**10) Praxia manipulativa**

El desarrollo psicomotor no ha alcanzado el nivel madurativo suficiente para lateralizar, por lo que no tiene la percepción de mano dominante. Es conveniente que las actividades manipulativas estén dirigidas inicialmente al control independiente de los brazos y las manos. Movimientos independientes de un brazo y de otro. Movimientos distintos con un brazo y con otro. Movimientos individuales de dedos para favorecer la independencia digital y la adquisición de la pinza digital índice y pulgar.

En la manipulación de objetos es conveniente que experimente con distintos tamaños, formas y consistencia, aumentando progresivamente la dificultad de la actividad. Que introduzca objetos por un orificio cada vez más pequeño, que lance objetos a un caja cada vez más pequeña, que cambie de sitio objetos cada vez más pequeños.

Es conveniente que use inicialmente una y otra mano, para favorecer la percepción de la dominancia manual. El proceso de lateralización tiene que alcanzar un nivel en se dé cuenta, aunque no lo verbalice, de que con una mano tiene más destreza que con la otra.

**11) Praxia respiratoria**

Para que tome conciencia del ciclo respiratorio es conveniente trabajar por separado la inspiración y la espiración. Para tomar conciencia de la entrada de aire por la nariz es de utilidad que huela distintas fragancias. Cuando perciba como el olor penetra por la nariz es conveniente jugar con distintos tipos de inspiraciones. Oler profundamente, oler de forma superficial, oler de forma entrecortada.

Para tomar conciencia de la salida de aire por la boca son de utilidad las actividades de soplo. Inicialmente se proponen actividades en las que el mínimo soplo provoque un efecto, cuanto más visual mejor. Dispersar con el soplo pequeños trozos de papel de seda. Soplar un móvil colgante de plumas. Soplar un molinete de colores que sea muy sensible. Cuando inicie la interiorización del soplo se puede ir incrementando la resistencia de los distintos objetos.

**12) Praxia bucofonatoria**

Aunque no tiene afectación de la musculatura bucofacial ni fonoarticulatoria es conveniente trabajar el expresivo además del lenguaje comprensivo y la intención comunicativa .

Para el control de los movimientos bucofaciales las actividades delante del espejo enseguida resultan tediosas, por lo que es conveniente utilizar también la gesticulación con la cara imitando distintas expresiones faciales de tristeza, alegría, llanto, risa, sueño y juegos en los que intervenga la lengua, los labios y las mejillas

### 13) Lenguaje

En la comunicación oral está en un periodo prelingüístico, por lo que es conveniente trabajar la intención comunicativa mediante onomatopeyas y exclamaciones. La imitación de animales, la representación de personajes y la gesticulación facial, es conveniente asociarla a sonidos que para ella tengan sentido. De esta forma se podrá complementar el trabajo corporal con el lenguaje oral. También es conveniente verbalizar de forma simultánea lo que estamos haciendo en cada actividad.

La finalidad de este programa psicomotor no es sólo optimizar el desarrollo sino mejorar la calidad de vida de la familia, ya que es más fácil ser feliz en una familia feliz.

### 14) Intervención Familliar

La estimulación que recibe por parte de padres, yaya, tías, tíos, primos y terapeutas, de gran utilidad para su desarrollo, puede resultar contraproducente si no se coordina de forma adecuada. Quizás sea en los hábitos sociales y en las normas de la vida cotidiana donde haya más contradicciones.

Es necesario que las normas que se le proponen sean las mismas en todos los contextos.

Para optimizar todo lo que las personas de su entorno pueden proporcionarle, es necesario que haya una línea directriz para que todas las aportaciones sean formativas y los esfuerzos vayan en el mismo sentido. Los padres, con el asesoramiento de los terapeutas, son los que tienen que trazar la línea de intervención.

En la dinámica familiar los roles que desempeñan los padres están perfectamente delimitados. El padre, más autoritario, establece las normas fundamentales. La madre, más protectora, actúa con una complicidad afectiva y favorecedora. Estas dos claras referencias paternas tienen que ser los cimientos para suministrar todo un código normativo y de hábitos sociales. Bajo las directrices de los padres deben actuar todas las personas del entorno familiar, para así evitar contradicciones.

Quizás sean la sobreprotección y el chantaje las dos conductas que con más decisión hay que evitar que se instauren. Para ello los padres tienen que ser conscientes que también tiene sus responsabilidades y obligaciones, y transmitir este planteamiento al resto de la familia. Es de suma importancia no caer en el chantaje. No son los mejores padres los que dan todo sino los que dan lo que es justo.

El entorno familiar es idóneo para optimizar su desarrollo, con muchas personas que la quieren y que asumen parte de la responsabilidad de educarla. Ese apoyo que tienen los padres es un factor permite a estos cierta independencia, imprescindible para que además de ocuparse de su hija puedan tener una vida propia.

# CASO 2. SÍNDROME DE TORPEZA MOTORA

## I. ANAMNESIS

Niño de 7 años de edad que acude a consulta con sus padres por presentar deficiente control de la coordinación general de movimientos, tanto a nivel locomotor como manipulativo.

No tiene antecedentes patológicos de interés. La madre no tuvo problemas en el embarazo y el parto fue normal. Aparición del lenguaje a los 10-12 meses. Inicio de la marcha a los 14 meses. Es el primero de tres hermanos, dos niños y una niña.

## II. INFORME ESCOLAR

Escolarizado en preescolar a los cuatro años de edad. En la actualidad está en segundo curso de educación primaria. En general no presenta problemas escolares, aunque se observa alguna dificultad a nivel psicomotor.

En la coordinación general de movimientos presenta dificultad para la realización de secuencias motoras alternas, así como en la reproducción de un esquema rítmico. No se observan trastornos en la percepción visual, ni en la auditiva

A nivel pedagógico tiene muy buenas facultades para el cálculo. La lectura comprensiva es adecuada y también los aspectos simbólicos de la escritura. Presenta dificultad en los aspectos motores de la escritura: "Su grafía es insegura y al escribir presenta postura y movimientos inadecuados. La posición de la mano es incorrecta".

## III. EXAMEN DE LAS FUNCIONES ENCEFÁLICAS

### 1. EXPLORACIÓN FUNCIONES MENTALES SUPERIORES

Durante la valoración se ha mostrado muy colaborador, con buena motivación y deseo de superación.

El uso del lenguaje es correcto, tanto a nivel comprensivo como expresivo. Es capaz de llevar correctamente una conversación, con buen nivel de análisis.

Tiene una buena capacidad de atención, que le permite optimizar al máximo los recursos personales cuando realiza las pruebas.

El rendimiento escolar es satisfactorio. El estado emocional es desenfadado y seguro de sí mismo.

### 2. EXPLORACIÓN DE LOS PARES CRANEALES

No se observa ninguna alteración en los pares craneales explorados, aunque hay algunos que no se han podido explorar por falta de colaboración, como por ejemplo el nervio olfatorio y el nervio óptico.

No se observa caída del párpado, ni estrabismo. Los movimientos oculares extrínsecos son correctos, tanto en los desplazamientos horizontales como en los verticales. No presenta nistagmus. En los movimientos intrínsecos del ojo no hay alteración de las pupilas ni en la forma, ni en el tamaño. El reflejo de acomodación, el reflejo fotomotor y el reflejo consensual están conservados.

La audición es correcta, tanto en la conducción aérea como en la audición ósea. Los resultados de la Prueba de Rinne y de la Prueba de Weber no indican alteración de la audición.

La deglución y la fonación son correctas, con simetría del velo. El reflejo palatino y el reflejo faríngeo están conservados. No se observa alteración en la motilidad de la lengua, ni desviación, ni fibrilación.

La motilidad de la cara es correcta y las facciones simétricas. Buena motilidad de la frente, de los párpados y de la mandíbula. Buena funcionalidad de los músculos del cuello y de los hombros.

3. **EXPLORACIÓN DE LA FUNCIÓN CEREBELOSA**

No se observa asimetría en las pruebas de coordinación, ni en los brazos, ni en las piernas. Los movimientos alternativos rápidos son algo imprecisos. No se observan desequilibrios patológicos ni en la inmovilidad, ni en la deambulación. La maniobra de Romberg no pone de manifiesto ninguna alteración del equilibrio.

## 4. EXPLORACIÓN DE LA FUNCIÓN MOTORA

En la exploración muscular no se observan ni fasciculaciones, ni atrofias, ni deformidades. No se observa disminución de fuerza en las extremidades superiores, ni en las inferiores.

Los reflejos musculares profundos son normales, bilaterales y simétricos. El reflejo plantar está conservado, sin aparición del signo de Babinski. El reflejo cutáneo abdominal está conservado. No se observan reflejos patológicos.

## 5. EXPLORACIÓN SENSORIAL

No se observa alteración en la sensibilidad superficial, ni en la sensibilidad profunda.

## IV. EVALUACIÓN PSICOMOTORA

**EXAMEN DE LAS ACTIVIDADES NEUROMOTRICES**

1. **TONO MÚSCULAR.** No se encuentran alteraciones del tono muscular ni a la observación, ni a la palpación, ni a la movilización. La flexibilidad y extensibilidad articular son buenas, tanto en extremidades superiores como en extremidades inferiores. Tiene adquirida la noción de contraste tónico muscular a nivel global y sabe contraer y relajar voluntariamente una determinada parte de su cuerpo. No controla la pasividad muscular ni en piernas ni en brazos, con tendencia a realizar el movimiento de forma activa. Para el control de la pasividad muscular es recomendable ejercicios de relajación.

2. **EQUILIBRIO.** No presenta alteración en equilibrio estático, ni en el equilibrio dinámico. Tiene algún desequilibrio al caminar con los pies alineados sobre una cuerda extendida en el suelo. Las reacciones de equilibración son adecuadas y le permiten equilibrarse sobre la tabla de Boheler (balancín).

3. **LOCOMOCIÓN.** El patrón de marcha es correcto, con balanceo de caderas y patrón contralateral. En el patrón de salto, por el contrario, se observa cierta asimetría en el despegue y en el aterrizaje, lo que indica cierta inmadurez a nivel locomotor.

**EXAMEN DE LAS ACTIVIDADES PERCEPTIVOMOTORAS:**

4. **DOMINANCIA LATERAL.** En las actividades manipulativas se evidencia una clara dominancia de la mano derecha. De las dieciocho pruebas manipulativas que debía realizar con una sola mano, o con una mano principal y otra auxiliar, en diecisiete ocasiones eligió la mano derecha como mano preferente. En la mayoría de las pruebas se observa mayor precisión y destreza en las actividades realizadas con la mano derecha.

5. **IMAGEN CORPORAL.** Tiene una buena imagen de sí mismo y de sus posibilidades motrices. En ningún momento evidenció inseguridad, ni rechazo a una actividad propuesta por miedo al fracaso o por falta de confianza. El conocimiento del esquema corporal es adecuado para su edad.

6. **PERCEPCIÓN ESPACIAL.** Tiene buena capacidad de percepción global del espacio. La orientación espacial es correcta, aunque comete algún error en la identificación de figuras con la misma orientación espacial. No realiza operaciones mentales de traslación y rotación de figuras. Reconoce la derecha y la izquierda sobre su cuerpo Comete alguna inversión en la direccionalidad de desplazamiento gráfico de izquierda a derecha.

7. **ESTRUCTURACIÓN RÍTMICA.** Reproduce correctamente estructuras rítmicas de frecuencia media y de frecuencia rápida. En las frecuencias lentas se observa un componente de ansiedad, con acortamiento de los tiempos. Igual ocurre en la integración del intervalo, en el que también acorta su duración.

Se observa alguna dificultad en la reproducción de estructuras rítmicas secuenciales. Tiene buena integración del intervalo, pero la memorización de la estructura es defectuosa.

**EXAMEN DE LAS ACTIVIDADES PRÁXICAS:**

8. **PRAXIAS GLOBALES.** Buena capacidad de imitación de movimientos sencillos de forma simultánea. Buena memoria motriz que le permite reproducir, en diferido, una secuencia de varios movimientos. Buena capacidad de planificación de la acción motora, de adaptación de los movimientos a los requerimientos del espacio y de verbalización previa a la realización del recorrido.

9. **PRAXIAS RESPIRATORIAS.** Buen control del ciclo respiratorio cuando se le indican las fases, inspiración nasal y espiración oral, con retención del aire en los pulmones y pausa antes de volver a coger aire.

10. **PRAXIAS BUCOFONATORIAS.** No se observa ninguna alteración en la motilidad fonoarticulatoria. Correcta la fonación y la emisión de los sonidos guturales. Buena motilidad de los labios, lengua, mandíbula y paladar blando.

11. **PRAXIAS MANIPULATIVAS.** Buen control segmentario de los brazos en movimientos aislados, tanto de la articulación del hombro, como la del codo. Tiene un adecuado control de los movimientos de lateralización de muñeca, pero cierta dificultad en el control segmentario de los movimientos de flexión y de extensión. Controla mejor los giros de muñeca con la mano derecha que con la izquierda.

Buen control de los movimientos globales de dedos, tanto al abrir y al cerrar la mano, como al separar y juntar los dedos. Dificultad en los movimientos individualizados de los dedos, más evidente en la mano izquierda.

A pesar de no controlar perfectamente la independencia digital, la funcionalidad de la pinza digital (pulgar-índice) es correcta. Sostiene objetos pequeños con precisión y sin ninguna dificultad.

Tiene una buena capacidad de disociación manual de movimientos simultáneos de distinta naturaleza (ejecutar un movimiento distinto con cada mano). La ejecución es más deficiente cuando los movimientos tienen que hacerse a velocidades distintas (con una mano lenta y con la otra mano rápido).

## V. EXPLORACION GRAFOMOTORA

### 1. ACTITUD POSTURAL DURANTE LA EXPLORACIÓN.

Actitud postural incorrecta, apoyando el cuerpo sobre la mesa, que da lugar a gran inestabilidad del eje medio corporal. La estabilidad del eje medio en el mantenimiento de la verticalidad, es imprescindible para el desplazamiento coordinado de los brazos durante la realización del trazo.

Colocación de la mano por encima de la línea de escritura que le impide ver el trazado. Esta dificultad para ver lo que escribe, le obliga a realizar continuos ajustes posturales, así como a giros y desplazamientos del papel.

Sujeción incorrecta del lápiz, con flexión de los dedos y gran tensión muscular. La presión excesiva de los dedos en la sujeción del lápiz puede indicar tensión emocional. Tanto la flexión de los dedos, como la presión excesiva sobre el lápiz, provocan un notable incremento del desgaste muscular de la mano, el brazo, la espalda y el cuello. El incremento del desgaste muscular, unido a la incorrecta actitud postural, es causa de la rápida aparición de cansancio y fatiga.

Posición vertical del lápiz sin ninguna inclinación, que le impide estabilizar el codo sobre la mesa y articular los movimientos en la muñeca y los dedos. Articula los movimientos en el codo y el hombro, con lo que disminuye la estabilidad de la mano durante el trazo, y consecuentemente la precisión y la firmeza del mismo.

2. **CONTROL DEL TRAZO.**

En los trazos libres, sin tener que adaptarse a ninguna referencia del papel, se observa un trazado muy marcado, con mucha presión del lápiz sobre el papel. La presión aumentada del trazo va acompañada de sincinesias peribucales (movimientos involuntarios de labios, lengua y dientes).

Buena ejecución de los trazos horizontales, verticales y oblicuos. En trazos largos, la inadecuada colocación de la mano provoca continuas modificaciones en la posición de esta, para ver la evolución y la trayectoria del trazo.

Buena integración de la línea ondulada, con ligera tendencia a hacerla quebrada debido a la falta de coordinación entre los movimientos ondulatorios de la muñeca y el desplazamiento lateral del codo.

Buena ejecución de los trazos circulares en los dos sentidos, aunque evidencia más destreza en el giro hacia la derecha, que en el giro hacia la izquierda. Igualmente tiene más precisión la espiral a la derecha que a la izquierda.

En la ejecución de bucles y grafías entre dos líneas horizontales, se observa una deficiente coordinación viso-manual, con mala adaptación del trazado a la línea de abajo y, en especial a la de arriba. Los bucles tienden a ir reduciendo el tamaño, y en ningún caso toca las líneas de referencia.

La dificultad motora que tiene en la ejecución de los distintos trazos, la compensa con una buena capacidad de atención y de secuenciación de los movimientos. Cuando los trazos los realiza a su ritmo la ejecución es pausada y precisa. Cuando tiene que realizarlos más rápido el trazo es impreciso y con dificultad para que detenga el desplazamiento de la mano en el punto que determina el final del trazo.

## 3. CONTRASTE TÓNICO EN EL TRAZO.

Para escribir es necesario un control grafomotor que combine automáticamente la presión del lápiz contra el papel para marcar, y la disminución de esa presión para desplazar el lápiz. Se observa en la valoración una presión excesiva que dificulta el desplazamiento del lápiz de una forma armónica y fluida, dando lugar a un trazo tenso y tortuoso.

En los ejercicios de contraste grafomotor percibe visualmente la diferencia entre un trazo muy marcado y poco marcado. Sin embargo al copiar un trazo combinado la diferencia de presión no se aprecia. Tiene adquirida la noción de contraste a nivel visual pero no automatiza el control del contraste muscular.

## VI. PROGRAMA MADURATIVO PARA EL DESARROLLO PSICOMOTOR

El nivel de desarrollo psicomotor es bueno en líneas generales, por lo que la aplicación de este programa madurativo no debe ser en ningún momento algo penoso. Es importante que las actividades propuestas las realice de forma relajada pero responsable. Que se sienta partícipe de las actividades que realiza pero sin provocar frustración.

### 1. ORIENTACIONES PARA MEJORAR EL DESARROLLO NEUROMOTOR

Las pequeñas dificultades motoras no suponen para Manolo una traba para relacionarse con los demás, por lo que en ningún caso debe considerar los ejercicios psicomotores como algo para corregir, sino como algo para mejorar. Por sus características personales, la educación física y el deporte deben ser los instrumentos para mejorar el desarrollo motor.

Es importante crearle el hábito de hacer deporte y de cuidar la salud de su cuerpo. Que sienta el deporte como algo que le gusta y que le proporciona satisfacción. Que sea el deporte el complemento físico al trabajo intelectual del estudio.

Es conveniente que haga deporte, al menos, dos días a la semana. Es preferible que el programa de entrenamiento lo lleve un profesor de educación física o un entrenador deportivo.

Para mejorar la estructuración rítmica es conveniente realizar ejercicios de adaptación a una frecuencia sonora. Caminar, correr y saltar al ritmo que marca una música o que marcamos con un instrumento de percusión.

Después de las actividades físicas es conveniente que se tome unos minutos de descanso, tumbado sobre una colchoneta, para que se vaya habituando a relajarse.

## 2. REEDUCACIÓN GRAFOMOTORA

La reeducación grafomotora es quizás donde hay que insistir más pero es también donde hay que tener más precaución para evitar provocar el rechazo. Se debe fomentar que los ejercicios grafomotores sean más juego que una obligación.

Dado que tiene interiorizado todos los trazos, no es necesaria la utilización de fichas para la reeducación grafomotora. La reeducación irá encaminada fundamentalmente a la corrección de la actitud postural, a la corrección de la sujeción del lápiz y al desarrollo del control del contraste en la presión del lápiz.

1º Para corregir la ACTITUD POSTURAL incorrecta es necesario que se siente próximo a la mesa, preferentemente en una silla de respaldo alto, para estabilizar el eje medio.

2º Para favorecer el control de muñeca en los ejercicios es conveniente FIJAR EL PAPEL a la mesa con papel celo para evitar que lo gire, obligando a que realice giros de muñeca.

3º La SUJECIÓN DEL LÁPIZ debe hacerla con los dedos extendidos y con menos presión. Es útil que practique el contraste sujetar el lápiz con los dedos extendidos y apretando fuerte, y con los dedos extendidos y sujetándolo flojo, para que entienda la idea de sujetar el lápiz flojo.

4º La INCLINACIÓN DEL LÁPIZ es necesaria para la estabilidad del brazo y para la fluidez del trazo. Con los dedos extendidos el lápiz debe apoyar inclinado sobre el ángulo que forma el índice y el pulgar, la mano sobre el papel y el brazo descansar sobre la mesa. El trazo debe ser suave y la ejecución cómoda, para no provocar cansancio innecesario.

5º EJERCICIOS GRAFOMOTORES PARA LA CORRECTA SUJECIÓN DEL LÁPIZ: Realizar sobre un folio en blanco un trazado circular continuo girando hacia la derecha. El círculo debe ser grande para que desplace la mano con soltura por encima del papel. No importa los defectos del trazado, lo importante es que la sujeción del lápiz sea correcta. Es útil al principio coger su mano sujetando el lápiz y realizar el trazado deslizando el dorso de la mano apoyado sobre el papel.

6º Repetir el trazado hasta que lo realice de forma relajada, sin tensión en la mano y con los dedos extendidos. Realizar los ejercicios proponiendo juegos: círculos continuos grandes y círculos continuos pequeños, círculos hacia la derecha y círculos hacia la izquierda, círculos rápidos y círculos lentos, al ritmo de una música o de las palmas.

7° Finalmente, para automatizar el CONTRASTE DE LA PRESIÓN del lápiz sobre el papel, círculos muy marcados y círculos poco marcados. Es útil al principio cogerle la mano sujetando el lápiz y realizar el trazado muy marcado y poco marcado mientras verbalizamos apretamos fuerte y flojo. Reforzar el control de la presión del lápiz sobre el papel con juegos: palotes muy marcados y palotes poco marcados, círculos pequeños muy marcados y poco marcados, siempre sujetando el lápiz correctamente.

8° En la escritura habitual la posición de la mano debe quedar por debajo de la línea de trazado, para que pueda ver lo que escribe y ajustarse a las líneas del papel. Se puede corregir verbalmente la actitud postural, la posición de la mano o de los dedos, pero con delicadeza para no provocar frustración.

## CASO 3. LATERALIDAD CONTRARIADA

**ANAMNESIS**

Niño de nueve años que acude a consulta, con su madre, por presentar dificultad de aprendizaje y déficit de atención. No tiene antecedentes patológicos de interés.

La madre no tuvo problema en el embarazo y el nacimiento fue por cesárea. La adquisición del lenguaje y el inicio de la marcha dentro de los parámetros normales. Es el segundo de dos hermanos.

1. **ATENCIÓN**

Durante el tiempo que dura la exploración, alrededor de tres horas, su comportamiento es colaborador, motivado y con deseo de superación. La capacidad de atención es buena, no se observan signos de distracción y demuestra interés por realizar correctamente las actividades propuestas. El uso del lenguaje es correcto, con buena capacidad de comprensión y de expresión.

El déficit de atención y la *distraibilidad*, descritos en la documentación aportada por la madre, parece relacionada más con la falta de interés que con otra causa de base orgánica o metabólica.

La atención la regula, inicialmente, el tronco cerebral cuyo funcionamiento está condicionado por procesos metabólicos como puede ser la digestión, niveles bajos de oxígeno o hipoglucemia. La capacidad de mantener la atención disminuye cuando el estímulo es monótono (reflejo de orientación de Pavlov).

Para la atención sostenida es imprescindible la participación del lóbulo frontal, responsable de la motivación y el interés, que retroalimenta el funcionamiento del tronco cerebral. Es a este nivel donde parece que pueda estar la causa de esa *distraibilidad* pero no por disfunción frontal (mantuvo la atención durante todo el tiempo que duró la exploración) sino condicionado por factores ambientales (desmotivación, desinterés, fracasos repetidos u otros).

2. **ACTIVIDADES NEUROMOTRICES**

TONO MUSCULAR. En la exploración no se observa alteración ni a la palpación, ni a la movilización. La flexibilidad y extensibilidad articular son buenas, tanto en extremidades superiores como en las inferiores.

En la prueba de Barré no se observa pérdida de fuerza en brazos ni en piernas. Los reflejos músculo-tendinosos, Rotuliano, Aquíleo y Cubital, son vivos. Tiene adquirida la noción de contraste tónico y sabe contraer y relajar voluntariamente todo el cuerpo o las partes. Controla la pasividad muscular en piernas y brazos, siendo capaz de inhibir la realización de movimientos voluntarios.

EQUILIBRIO. No presenta alteración del equilibrio estático, ni del equilibrio dinámico. Es capaz de mantener la inmovilidad con una postura simétrica y no presenta desequilibrio ni pulsión en la prueba de Romberg, ni cerebeloso ni vestibular. Tampoco se observa ninguna dismetría en las pruebas dedo-nariz y talón-rodilla. No se observa temblor y es capaz de hacer una construcción vertical con regletas. Tiene buen control de la diadococinesia y la precisión en la realización es prácticamente igual en ambas manos. No se desequilibra al caminar con los pies alineados ni sobre una cuerda extendida en el suelo ni al mantenerse sobre una pierna. Las reacciones de equilibración sobre una superficie inestable son adecuadas y es capaz de equilibrarse frente al espejo, con un mínimo apoyo, sentado y de rodillas sobre un balón de Bobath.

COORDINACIÓN. Los patrones locomotores de marcha y carrera son coordinados y maduros así como el patrón de salto, simétrico en el despegue y en el aterrizaje. Es capaz de encadenar una serie de saltos, con los pies juntos y alternando pies juntos y separados, lo que indica que el patrón de salto está automatizado. En ambos casos tiene tendencia a aumentar la velocidad progresivamente, lo que indica cierta inmadurez en la capacidad de inhibición motora. La coordinación óculo manual es buena en la recepción y en el lanzamiento así como la coordinación óculo-pedal en el pateo.

En conclusión, en la exploración de las actividades neuromotrices o actividades motrices de base no se observa ninguna alteración significativa y tan sólo una cierta inmadurez en la inhibición motriz, que puede justificar la tendencia a la hiperactividad, pero no parece suficiente para justificar lo esencial del cuadro.

## 3. ACTIVIDADES PERCEPTIVOMOTORAS

LATERALIDAD. Utiliza la mano derecha como mano dominante, para escribir y para manipular útiles y mecanismos. En las pruebas de elección usa preferentemente la mano derecha para realizar las pruebas propuestas pero el pie, el ojo y el oído izquierdo.

En las pruebas de destreza obtiene mejores resultados con la mano derecha al lanzar una pelota a un recipiente pero obtiene mejores resultados con la izquierda al usar la pinza palmar y la pinza digital. De igual forma con el dinamómetro manual consigue hacer más fuerza con la mano izquierda.

En las actividades gráficas invierte la direccionalidad en algún trazo así como al subrayar con regla, que lo hace de derecha a izquierda. Cuando le comento que hace algunas actividades mejor con el hemicuerpo izquierdo manifiesta su total rechazo a la posibilidad de ser zurdo. En ocasiones la presión del entorno estigmatiza la mano izquierda y en otras ocasiones es el propio niño quien elige la mano derecha por imitación, identificación con el grupo o con alguno de sus iguales.

ORGANIZACIÓN ESPACIAL. Hace un buen uso del espacio y de las relaciones que se establecen entre este y su cuerpo, con buen conocimiento de los conceptos espaciales básicos, salvo el reconocimiento de la derecha y de la izquierda. La dificultad que presenta en el reconocimiento derecha izquierda en su cuerpo condiciona la organización del espacio que se integra a partir de la proyección de la organización espacial del propio cuerpo. No se observa que tenga miedo a explorar el espacio aunque muestra ciertas dudas cuando lo representa en un plano. En la construcción del espacio afectivo se observa un uso restringido del espacio gráfico, con tendencia a representar figuras de pequeño tamaño.

PERCEPCIÓN TEMPORAL. Es capaz de adaptar la actividad motriz a un ritmo externo dado pero suele prevalecer su propio ritmo para garantizar el buen resultado de la actividad. También es capaz de reproducir correctamente una estructura rítmica de frecuencia media y rápida aunque en las frecuencias muy lentas tiende a precipitarse.

No se observa dificultad en la reproducción de estructuras rítmicas secuenciales pero, aunque tiene integrada la noción de intervalo, tiene tendencia a acortar su duración. Tiene buena memoria rítmica y es capaz de oír una estructura rítmica, memorizar y después reproducir.

IMAGEN CORPORAL. Tiene una buena imagen de sí mismo y confianza en sus posibilidades motrices. En ningún momento muestra inseguridad, ni rechazo a una actividad propuesta por miedo al fracaso o por falta de confianza y afronta la valoración con naturalidad y *oficio*.

El conocimiento morfológico y funcional del esquema corporal de sus segmentos y de sus articulaciones, en su cuerpo y en la representación de éste, es adecuado para su edad.

La representación del propio cuerpo es algo infantil, con una deficiente integración de las manos y los dedos. Se siente muy unido al hermano, dos años mayor, a quién admira e imita y en quién se refugia.

En conclusión, en la exploración de las actividades perceptivo motoras se observa indicios de que pueda tratarse de un trastorno de la lateralidad que compromete fundamentalmente la construcción espacial y el esquema corporal.

## 4. ACTIVIDADES PRÁXICAS

PRAXIAS GLOBALES. Es capaz de realizar movimientos alternos, disociados y opuestos de forma coordinada. Puede imitar una secuencia de movimientos sencillos de forma simultánea. Tiene buena memoria motriz y puede reproducir en diferido una secuencia motora, pero se confunde cuando tiene que memorizar movimientos contralaterales (tocar con la mano izquierda la pierna derecha). Buena adaptación de los movimientos a una frecuencia rítmica y a sus variaciones.

PRAXIAS BUCOFACIALES. No se observa alteración en los movimientos oculares, ni en los desplazamientos horizontales ni en los verticales, ni nistagmus, ni estrabismo. No hay alteración de las pupilas ni en la forma, ni en el tamaño. El reflejo de acomodación, el reflejo fotomotor y el reflejo consensual están conservados.

No se observa alteración en la motilidad de la cara, ni caída del párpado ni desviación de la comisura, con buena motilidad de la frente, de los párpados y de la mandíbula. No se observa alteración del trofismo ni de la motilidad de la lengua, ni desviación, ni fibrilación. La deglución no está afectada y la fonación es correcta, con simetría del velo del paladar.

Las pruebas de Rinne y de Weber indican que no hay alteración en la conducción aérea ni en la conducción ósea. Buena motilidad de los músculos del cuello y de los hombros. La capacidad de soplo es buena y el control voluntario del ciclo respiratorio.

PRAXIAS MANIPULATIVAS. Buen control segmentario de los movimientos de brazos y de los movimientos de muñeca. Buen control de los movimientos globales de dedos, tanto al abrir y al cerrar la mano, como al separar y juntar los dedos pero cierta dificultad en los movimientos individualizados de los dedos.

No controla perfectamente la independencia digital pero la funcionalidad de la pinza digital índice-pulgar es correcta y puede sostener objetos pequeños con precisión.

Es capaz de disociar los movimientos de las manos y realizar un movimiento distinto con cada mano de forma simultánea con cierta dificultad cuando se le pide que los realice a distintas velocidades..

Maneja las manos de forma coordinada para el manejo de herramientas y mecanismos sencillos, como sacapuntas, tijeras, cubiertos, peine o martillo, empleando en todas la derecha como mano dominante salvo al utilizar un pañuelo para sonarse la nariz que usa la izquierda.

**GRAFOMOTRICIDAD.** Durante la valoración grafomotora muestra una actitud postural correcta, con apoyo de los brazos sobre la mesa y con poca estabilidad del eje medio corporal. La estabilidad del eje medio en el mantenimiento de la verticalidad cuando está sentado es imprescindible para el desplazamiento del brazo durante la realización del trazo.

La posición de la mano en algunos trazos (horizontales, oblicuos, ondulados), encima de la línea de escritura, le impide ver el trazado. Esto le obliga a realizar ajustes posturales, giros y desplazamientos del papel cuando se le pide que adapte el trazo a las referencias impresas.

La sujeción del lápiz la hace muy cerca de la punta, con flexión de los dedos, apretando el trazo y sin apoyar el dorso de la mano sobre el papel. Esto último impide estabilizar el codo sobre la mesa y coordinar los movimientos de muñeca y dedos, para que el trazo sea preciso y pueda automatizar la escritura.

La presión excesiva de los dedos al sujetar el lápiz, del lápiz sobre el papel, sobre todo, hacer el trazado sin apoyar provoca mucha tensión muscular de la mano, el brazo, la espalda y el cuello y, en consecuencia, la rápida aparición de cansancio y fatiga.

En los trazos en los que no tiene que adaptarse a ninguna referencia hace un uso contenido del espacio del papel, para asegurar el resultado, pero con trazo firme.

En los trazos rectos largos, verticales y, sobre todo, horizontales, tiene dificultad para adaptarse a las referencias del papel, ya que con frecuencia tapa el trazado con su mano. Si se le pide que intente adaptar el trazo horizontal a las referencias del papel corrige la posición de la mano para seguir la trayectoria de este.

Algo similar ocurre en los trazos oblicuos, en los que también tapa el trazado con la mano, sin que haya giro de muñeca en los vértices al trazar una línea quebrada. El trazo oblicuo descendente lo realiza correctamente, en dirección de izquierda a derecha y de arriba abajo, pero en el oblicuo ascendente invierte la direccionalidad, lo traza de arriba abajo y de derecha a izquierda (la direccionalidad correcta es de izquierda a derecha y de abajo arriba).

En los trazos curvos y ondulados tampoco posiciona la mano por debajo del trazado, con lo que también tapa la línea de escritura.

Tiene interiorizado los dos sentidos del giro en los trazos circulares y es capaz de realizarlos con similar destreza hacia la derecha y hacia la izquierda, aunque en ambos casos tapa el trazado con la mano. Algo similar ocurre en los bucles y las grafías. Tanto en el trazo circular como en el espiral tiene mayor precisión cuando lo hace en sentido levógiro, contrario a las agujas del reloj, el giro más frecuente en la escritura.

Se observa en la valoración que no ha integrado el contraste grafomotor más presión y menos presión. Es capaz de hacer trazos marcando mucho y otros marcando poco pero tiene dificultad para combinar en el mismo trazo de forma alterna apretar mucho y apretar poco. Para escribir es necesario un control grafomotor que combine automáticamente la presión del lápiz contra el papel para marcar, y la disminución de esa presión para desplazar la mano. Una presión excesiva dificulta el desplazamiento del lápiz de forma armónica y fluida, dando lugar a un trazo tenso y tortuoso con letras juntas y dificultad para automatizar la escritura.

Finalmente se observa una deficiente adaptación a las líneas de referencia impresas en el papel pero parece el resultado de tapar el trazado con la mano más que un trastorno de la coordinación visoespacial.

La adecuada posición de la mano es necesaria para la coordinación visoespacial, la correcta direccionalidad en los trazos, giros y grafías es imprescindible para enlazar letras y la integración del contraste grafomotor permite automatizar la escritura para escribir de forma relajada y eficaz (melodía cinética).

En conclusión, en la exploración de las actividades práxicas se observa cierta dificultad en la grafomotricidad, relacionada con la posición de la mano, la sujeción del lápiz, el contraste grafomotor y la direccionalidad lectoescritora.

## JUICIO DIAGNÓSTICO

La elección de la mano derecha como dominante pero pie, ojo y oído izquierdo, la mayor destreza con la mano derecha pero con el pie izquierdo, la inversión en la direccionalidad de algunos trazos, la confusión derecha-izquierda y la existencia de antecedentes familiares de zurdería, parecen indicar que se trata de una lateralidad contrariada, lo que justifica la desorientación espacial, la menor destreza en algunos trazos y la dificultad para automatizar la escritura.

En lo que se refiere a la dificultad para analizar una palabra en el contexto de una frase, también puede estar relacionado con un trastorno de la lateralidad. En el diestro el hemisferio izquierdo es el analítico, elabora a partir de las partes, y el hemisferio derecho es el sintético, elabora a partir del todo.

En el lenguaje oral y escrito el hemisferio analítico es el que elabora la palabra y el hemisferio sintético es el que elige la mejor opción en el contexto de una frase (al elegir la mejor accesión de un sinónimo en una frase o coordinar género y número). En el zurdo los hemisferios tienen el mismo potencial pero con las funciones al contrario, el izquierdo es el sintético y el derecho el analítico. En ambos casos las funciones de los hemisferios cerebrales están perfectamente diferenciadas. Tal por la lateralidad contrariada esta diferenciación no sea absoluta y comprometa los procesos mentales en los que tenga que pasar de lo analítico a sintéticos y viceversa.

## REEDUCACIÓN PSICOMOTRIZ

Para mejorar el desarrollo psicomotor de es conveniente trabajar, preferentemente:

- La inhibición motora,
- El afianzamiento de la lateralidad,
- La orientación espacial
- El control grafomotor.

## REEDUCACIÓN DE LAS ACTIVIDADES NEUROMOTRICES

En las actividades motrices de base presenta cierta inmadurez en la inhibición motora y tendencia a la hiperactividad. La experiencia corporal, la educación física y el deporte son de gran utilidad para mejorar el control motor, afianzar la lateralidad y mejorar la construcción espacial.

Es conveniente que realice el mayor número de actividades físicas, que le gusten y le motiven. Quizás sea preferible las actividades deportivas que no sean monomanuales (tenis, pádel) sino en las que se beneficien los ambidiestros (baloncesto, fútbol) ya que tal vez tenga ventaja, sobre los diestros y zurdos puros, para el manejo de las dos manos y las dos piernas.

Para mejorar la inhibición motora el judo, un deporte que él ya ha practicado, trabaja el control motor, la concentración, la coordinación, la memoria motriz, la disciplina y el esfuerzo. Aspectos del desarrollo psicomotor que, primero como juego y después como deporte, pueden solucionar las mínimas conductas hiperactivas que presenta. Es conveniente trabajar la acción y la inhibición motora, que son la base de la atención.

**REEDUCACIÓN PERCEPTIVO MOTORAS**

En las actividades perceptivo motoras hay que abordar el trastorno de la lateralidad y de la orientación espacial. Al haber lateralizado como diestro de mano y rechazar tajantemente la posibilidad de ser zurdo, no podemos dar marcha atrás al desarrollo evolutivo ni a la imagen corporal que ha construido. Es importante afianzarlo como diestro, aunque sólo sea de mano, y no interferir en el uso del hemicuerpo izquierdo en las actividades espontáneas que elija como puede ser patear.

Que se desarrolle como diestro puede tener dos consecuencias que es importante prever. Primero la desorientación derecha izquierda, ya que la organización del espacio se hace proyectando la organización espacial del propio cuerpo y esta, a su vez, a partir del uso del hemicuerpo dominante, al margen que sea el derecho o el izquierdo.

Dado que la referencia espacial más clara la tiene en la mano que ha elegido como dominante, esa será la referencia espacial básica. Vamos a utilizar la mejor funcionalidad de la mano derecha como referencia para orientar el espacio. La derecha con la que escribe y el espacio de ese lado es el derecho. La izquierda la otra, la que no escribe, y la de ese lado es el espacio izquierdo.

## REEDUCACIÓN DE LAS ACTIVIDADES PRÁXICAS

La segunda consecuencia, en este caso a nivel de las actividades práxicas, es una menor destreza en la mano dominante para la manipulación monomanual. De las actividades manipulativas hay que reeducar, por tanto, las monomanuales precisas como la grafomotricidad. La finalidad de la reeducación grafomotriz es favorecer la adecuada colocación de la mano, la correcta sujeción del lápiz y la presión sobre el papel así como la automatización de todos los movimientos necesarios para escribir.

## REEDUCACIÓN GRAFOMOTORA

La reeducación grafomotora hay que plantearla de forma divertida. Se debe intentar que los ejercicios grafomotores sean más un juego que una obligación. Un juego con folios, lápiz y sacapuntas (no goma que representa la culpa y el miedo al error que debe asumir como parte de la formación sin mayor trascendencia).

Como tiene interiorizado todos los trazos, no es necesario utilizar fichas impresas para la reeducación grafomotora. Los aspectos esenciales de la reeducación grafomotriz pretenden reeducar la posición de la mano respecto al trazado, habituar a deslizar sobre el dorso de la mano, corregir la sujeción del lápiz e interiorizar el contraste grafomotor.

**Actitud postura.** Aunque no presenta dificultad en este aspecto, al empezar la reeducación grafomotriz siempre hay que recordar que es necesario que adopte una actitud postural correcta, que se siente próximo a la mesa, cuerpo erguido, antebrazos apoyados en la mesa y pies afianzados en el suelo para estabilizar el eje medio corporal y facilitar el desplazamiento del brazo y de la mano. Se debe corregir verbalmente la actitud postural, la posición de la mano y de los dedos, pero con delicadeza para no provocar frustración.

**Sujeción del lápiz.** La sujeción del lápiz debe ser firme pero sin crispar los dedos. Los dedos índice y pulgar extendidos, sujetando el lápiz, y anular, medio y meñique en semiflexión apoyados sobre el papel y el lápiz inclinado sobre la mano. La sujeción del lápiz con el índice y pulgar, y apoyado sobre el anular, debe ser a una distancia de la punta igual a que hay desde el papel hasta la yema del dedo índice extendido, con el dorso de la mano apoyado sobre el papel. El trazado de un círculo continuo, a distintas velocidades, es de utilidad para afianzar la correcta sujeción del lápiz.

**Trazado circular.** Realizar sobre un folio en blanco un trazado circular continuo girando hacia la derecha. El círculo debe ser grande para que desplace la mano con soltura por encima del papel. No importa los defectos del trazado, lo importante es que la sujeción del lápiz sea correcta. Es útil al principio coger su mano sujetando el lápiz y realizar el trazado deslizándose por el papel.

Repetir el trazado después en la dirección contraria. Hacer varios círculos, en un sentido de giro y otro, hasta que los realice de forma relajada, sin tensión en la mano y con los dedos extendidos. Realizar los ejercicios proponiendo juegos: círculos continuos grandes y círculos continuos pequeños, círculos rápidos y círculos lentos, círculos hacia la derecha y círculos hacia la izquierda.

**Posición de la mano.** La posición de la mano debe quedar por debajo de la línea de trazado, para que pueda ver lo que escribe y no tape las referencias del papel al deslizar la mano. Primero tiene que deslizar el dorso de la mano sobre un folio en blanco, sujetando el lápiz correctamente pero sin pintar en el papel. Para posicionar correctamente la mano es de utilidad hacer trazados siguiendo un línea de puntos, sin dejar de ver los puntos, de izquierda a derecha, de arriba abajo y oblicuos ascendentes y descendentes.

**Contraste grafomotor.** Es necesario reforzar la sensación muscular de contraste en la presión del lápiz sobre el papel. Primero es útil que practique sujetar el lápiz fuerte y flojo para que pueda después sujetar el lápiz utilizando la presión justa. Para automatizar el contraste de la presión del lápiz sobre el papel, fuerte y flojo, es conveniente hacer círculos continuos muy marcados y círculos poco marcados. Es útil al principio coger su mano sujetando el lápiz y realizar el trazado muy marcado y poco marcado. Reforzar el control de la presión del lápiz sobre el papel con juegos: trazos muy marcados y poco marcados, círculos pequeños muy marcados y poco marcados. Siempre sujetando el lápiz correctamente.

**Organización perceptiva.** Aunque, en general, ha adquirido la direccionalidad lecto-escritora de izquierda a derecha, es conveniente reforzar así como reeducar la direccionalidad del trazo oblicua ascendente, de izquierda a derecha pero de abajo arriba. La línea quebrada, posicionando la mano correctamente con giro de muñeca en los vértices, es de utilidad para reeducar el trazo oblicuo.

**Control del trazo.** Para mejorar el control grafomotor se puede utilizar el ritmo, para el inicio y el fin de la ejecución del trazo, y regular con una música la velocidad del trazado. También es conveniente que experimente con distintos útiles de escritura (tizas, ceras, lápices blandos), para que se familiarice con distintos grados de presión.

## PRONÓSTICO PSICOMOTOR

La reeducación psicomotora es un proceso a medio plazo que no debe suponer una sobrecarga del horario del niño ni de la familia. Es conveniente planificar las actividades hasta los doce años y empiece una nueva etapa evolutiva.

En lo que se refiere al componente hipercinético no necesariamente es una traba ya que, si tiene mucha energía, lo que hay que hacer es intentar que la aproveche de forma positiva. El deporte en general, y el judo en particular, es más que suficiente para reeducar un aspecto del desarrollo para el que tiene buenas condiciones psicomotoras.

La precisión manipulativa se puede reeducar, con relativa facilidad, con un programa grafomotor de corta duración y permanecer expectante con el control bilateral que pueda desarrollar. Un curso académico debe ser suficiente para automatizar aspectos básicos como posición de la mano, sujeción del lápiz, direccionalidad y contraste grafomotor.

La desorientación derecha izquierda, seguramente, estará siempre presente en su vida, en infinidad de habilidades cotidianas que tendrá que prever y corregir con el aprendizaje y la maduración. Se puede considerar más como un contratiempo que como una dificultad esencial. Quizás sea conveniente iniciarlo pronto en la conducción vial para que la experiencia que adquiera circulando en bicicleta pueda aplicarla con posterioridad a la circulación con vehículos.

Para mejorar los resultados académicos tal vez sea suficiente con instaurar hábitos de estudio y refuerzo en el centro educativo en las materias deficitarias. Un aspecto esencial, y del que va a depender en gran medida su aprendizaje, es la capacidad para operar con los procesos de análisis síntesis la etapa educativa (texto-contexto, figura-fondo) y potenciar los aspectos excepcionales en la etapa profesional.

# CASO 4. TRASTORNO PSICOMOTOR LEVE

## I. ANAMNESIS

**1. Motivo de la Valoración**

Niño de 9 años que acude a la consulta en compañía de los padres por presentar retraso en el desarrollo psicomotor con deficiente control de la coordinación general de movimientos, problemas con la escritura, deficiente desarrollo del lenguaje y trastorno de conducta.

**2. Historia Familiar.**

Sin antecedentes patológicos familiares de interés. La familia tiene un nivel socioeconómico medio, el padre es profesor y la madre ama de casa. No tiene hermanos y en el entorno familiar habitualmente se relaciona con personas mayores, con los primos que son mucho mayores, con los tíos y con la abuela. El domicilio familiar está situado en una buena zona con comercios, centro de salud, centro social, edificios de oficinas y parque infantil aunque lo frecuenta poco. Tiene habitación propia y colabora poco en las tareas domésticas ya que los padres le hacen todo.

Comenta la madre que hasta hace poco tomaba biberón algo que, unido a que es hijo único y a la falta de autonomía personal en actividades cotidianas, como vestirse o asearse, pone de manifiesto sobreprotección familiar que, tal vez, condicione cierto grado de inmadurez.

**3. Historia Personal**

Sin antecedentes patológicos personales de interés, el embarazo fue normal y el parto a término. No presenta alteraciones neurológicas ni psicopedagógicas conocidas que pongan de manifiesto algún trastorno congénito o adquirido. No ha ido a ningún centro de atención temprana ni a clases de apoyo pedagógico ni logopédico. Se relaciona poco con sus iguales y no suele salir de casa para jugar con otros niños.

**4. Historia Escolar**

Desde los primeros años de escolarización en educación Infantil presenta un evidente retraso en su desarrollo psicomotor que afecta al rendimiento escolar. A los seis años de edad, en el tránsito de educación infantil a educación primaria, se realiza una evaluación psicopedagógica por el Equipo de Orientación Educativa del colegio que indica la necesidad de apoyo por el maestro de pedagogía terapéutica y aconseja la familia la conveniencia de una valoración más completa por un especialista para descartar alguna otra causa.

En la actualidad cursa tercer curso de educación primaria y, aunque se siente muy integrado y tiene buena relación con los compañeros muestra conductas agresivas con ellos, un comportamiento disruptivo y una actitud desafiante con los maestros.

## II. EXAMEN DE FUNCIONES MENTALES SUPERIORES

**1.- Impresión**

Durante la valoración tiene una actitud muy positiva el primer día, colaborando y disfrutando de las pruebas que realiza, pero el segundo día de valoración su actitud es menos colaboradora y manifiesta que está cansado. Parece que se aburre cuando la exigencia de la prueba es mayor y después de un par de intentos fallidos se niega a seguir lo que indica nivel bajo de frustración ante el fracaso, algo frecuente cuando en el entorno el nivel de exigencia es bajo y se recompensa cualquier conducta independientemente de los resultados

**2.- Atención**

Es capaz de centrar la atención en la actividad propuesta cuando se atiende individualmente y entiende con facilidad lo que se le pide pero se dispersa en el aula con su grupo de clase. Tiene buena atención focalizada pero para la atención sostenida necesita la supervisión de un adulto que dirija la actividad y recompensa constante de los logros conseguidos.

## 3. Orientación

Sabe perfectamente dónde está, quién lo ha traído, el nombre de su maestro, que día de la semana es, que mes y que año.

## 4. Comunicación

Tiene un uso paradójico del lenguaje con expresiones de adulto pero con defectos articulatorios que lo infantilizan. El lenguaje comprensivo no parece estar afectado dado que entiende perfectamente las instrucciones que se le da sin embargo en el lenguaje expresivo tiene defectos articulatorios por dislalia de sustitución.

## 5. Emoción

Su actitud es extrovertida y desenfadada, segura y perseverante pero cuando se equivoca en alguna prueba o cree que no la va a superar se resiste a realizarla y se muestra impaciente por hacer otra.

## 6. Memoria e inteligencia

Tiene buena memoria a corto plazo y es capaz de rememorar muchos aspectos del curso pasado. Aparentemente no parece que tenga ningún déficit cognitivo aunque es conveniente hacer una valoración específica.

## III. EXPLORACIÓN DE LOS PARES CRANEALES.

Es de utilidad para evaluar la motricidad, la sensibilidad y la sensorialidad de la cabeza, de la cara y del cuello y detectar alguna disfunción del tronco cerebral.

**Par craneal 1. Nervio Olfativo**

Percibe bien los olores, por cada orificio nasal por separado, asocia olores idénticos y reconoce algunos olores como la colonia y, aunque no lo identifica, si percibe como familiar el olor del vinagre o del café molido.

**Par craneal 2. Nervio óptico**

No usa gafas y no se observan defectos en la agudeza visual con optotipo de visión lejana y visión cercana. No se observa ningún defecto cromático de la visión ni en la gama rojo y verde ni amarillo y azul.

**Pares craneales 3, 4, 5. Motores oculares**

No tiene caída de párpados cuando mira para arriba. No tiene estrabismo convergente y divergente. No tiene nistagmus al sostener la mirada lateral. El reflejo de acomodación, reflejo fotomotor y el reflejo consensual están conservados. .

**Par craneal 6. Nervio trigémino**

No se presenta alteración ninguna de las tres ramas, motora, sensitiva y sensitiva-motora sin afectación de la sensibilidad ni del movimiento de la frente, las mejillas y los maxilares.

Lateraliza, propulsa y retrae la mandíbula sin dificultad. Percibe, con los ojos cerrados, el roce de un algodón y diferencia la sensación térmica al apoyar un frasco con agua fría y con agua caliente. El reflejo corneal está conservado y cierra los párpados al rozar con un algodón.

**Par craneal 7. Nervio Facial**

No se observa asimetría en la cara ni desviación de la comisura bucal. Infla las mejillas poco y no sabe silbar. Al apretar los párpados se palpa la tensión en el ángulo externo del ojo del músculo orbicular. Eleva las cejas y arruga la frente sin dificultad. Distingue en la lengua los sabores dulce y salado.

**Par craneal 8. Nervio Estato-Acústico**

Hay que valorar por separado las dos ramas ya que tienen funciones muy diferenciadas, la rama coclear que recoge la información del laberinto que transforman la vibraciones sonoras en impulsos nerviosos para la audición y la rama vestibular que recoge la información del los canales semicirculares que informan sobre la posición de la cabeza en el espacio para el equilibrio.

No se observa disfunción en la rama coclear, la audición está conservada en los dos oídos e identifica sonidos familiares de animales aunque en la discriminación fonética comete algunos errores.

No hay pérdida en la conducción aérea respecto a la conducción ósea en la prueba de Rinne y no hay diferencia de percepción entre los oídos en la prueba de Webber. Dado que no hay indicios de pérdida auditiva no parece necesario realizar una acumetría con diapasones.

La rama vestibular está intacta al no aparecer inclinación del eje medio corporal hacia ningún lado en la prueba de Romberg, con los pies juntos y ojo cerrados con la cabeza erguida o al inclinarla sobre un hombro, sobre el otro, hacia delante o hacia detrás. Tampoco se observan desequilibrios en los cambios posturales rápidos.

**Pares craneales 9 y 10. Nervio Glosofaríngeo y Nervio Neumogástrico**

No manifiesta ni se observa dificultad en la deglución. Aunque la fonación es algo débil los problemas de lenguaje parecen articulatorios y no fonatorios. El velo del paladar es simétrico sin signo de la cortinilla. El reflejo palatino y el reflejo faríngeo están conservados y al tocar con un depresor lingual se eleva ese lado del velo del paladar.

**Par craneal 11. Nervio espinal**

No se observa pérdida de fuerza en los hombros, que los eleva venciendo la resistencia que hacemos apoyando las manos en ellos, ni en el cuello, que vence la oposición de nuestra mano al empujar lateralmente con la cabeza.

## Par craneal 12. Nervio Hipogloso

En la lengua es ancha y corta pero no se observa asimetría, ni atrofia y temblor cuando la mantiene inmóvil fuera de la boca aunque con mucha salivación y ocasionalmente babeo. Tiene cierta limitación y lentitud en los movimientos de la lengua dentro ni fuera de la boca.

## IV. EXAMEN DE LAS ACTIVIDADES NEURO-MOTORAS

## EXPLORACIÓN DEL TONO MUSCULAR

Hay que observar si hay algún trastorno del tono muscular, ya sea por aumento de la tensión muscular (hipertonía), por disminución de la tensión muscular (hipotonía) o por la presencia de movimientos involuntarios (distonía).

**Consistencia.-**

No existe ninguna atrofia o deformidad en la consistencia del músculo ni hipotonía ni flacidez aunque tiene cierta hipertonía en la musculatura de los miembros superiores e inferiores que puede afectar la capacidad funcional y la autonomía para las actividades de la vida cotidiana como vestirse, comer, asearse, manipular o escribir.

**Extensibilidad**

En los miembros inferiores hay extensión del ángulo poplíteo y del ángulo de los aductores. En los miembros superiores hay buena extensibilidad en todos los músculos desde el hombro hasta la muñeca.

## Pasividad

Es capaz de inhibir los movimientos de forma voluntaria y dejar que movilicemos sus brazos y sus piernas pasivamente.

## Fuerza

La prueba de Barré en brazos es negativa y en piernas se cansa pronto con las dos a la vez. Realiza movimientos con piernas y brazos venciendo una pequeña resistencia.

## Contraste Tónico

Tiene integrada la noción de contraste tónico contracción y relajación y es capaz de pasar voluntariamente de la contracción a la relajación de todo el cuerpo y de una pierna o un brazo individualmente.

## Movimientos Involuntarios

No se observan movimientos involuntarios patológicos, tic, temblores o paratonías aunque se observan sincinesias peribucales mientras escribe o dibuja sin ningún significado patológico.

## EXPLORACIÓN DEL EQUILIBRIO

## Equilibrio Estático

En la bipedestación con los pies juntos y los ojos abiertos tiene cierta dificultad para permanecer inmóvil.

Al cerrar los ojos en la prueba de Romberg no se desequilibra ni con la cabeza erguida ni inclinada pero si persiste la dificultad en mantener la inmovilidad. Tiene cierta dificultad para mantener la estabilidad con los pies alineados y los ojos cerrados que se inclina ligeramente hacia la derecha algo similar cuando tiene que mantener sobre las puntas de los pies.

### Equilibrio Dinámico

Durante el desplazamiento andando o corriendo no tiene ningún desequilibrio pero sí cuando tiene que caminar sobre una línea en el suelo llevando los pies en línea recta. Al caminar con los ojos cerrados hacia delante y hacia detrás lo hace en línea recta y no aparece el patrón en estrella propio de los trastornos del sistema vestibular.

### Reacciones de Equilibración

Cuando se desequilibra al caminar sobre una superficie inestable, como un colchón de salto, se vuelve a equilibrar con facilidad pero en ocasiones se deja caer sin que ello signifique, necesariamente, un trastorno específico del equilibrio sino como parte de un juego.

### EXPLORACIÓN DE LA COORDINACIÓN DINÁMICA

El Patrón Locomotor de Marcha es muy inmaduro con los brazos caídos, sin participación en el desplazamiento, y arrastrando los pies.

El Patrón de Carrera no tiene fase de vuelo con un pie siempre en contacto con el suelo, zancada corta y poca participación de los para la propulsión con un leve balanceo colgando junto al cuerpo.

El Patrón de Salto es asimétrico, sobre todo en el aterrizaje, con poca flexión de piernas sin balanceo de brazos en el impulso y poco alcance en el vuelo. No es capaz de encadenar una serie de saltos con los pies juntos ni alternando pies juntos y separados los que confirma la inmadurez y falta de automatización del patrón.

La inmadurez de los patrones locomotores de marcha, carrera y salto parece más por falta de experiencia corporal que por alguna limitación. Es capaz de subir y bajar escaleras de forma alternativa sujeto al pasamano pero no es capaz de coordinar la acción subir un pie a un escalón y bajar otro simultáneamente.

## V. EXAMEN DE ACTIVIDADES PERCEPTIVOMOTORAS

## EXPLORACIÓN DE LA DOMINANCIA LATERAL

Esta valoración incluye dos aspectos distintos, la coordinación óculo manual que es una actividad neuromotora previa a la lateralización y la dominancia lateral propiamente dicha que ya es una actividad perceptivomotora.

## Coordinación Óculo-Manual

El patrón de recoger con las dos manos un balón que le lanzamos es muy inmaduro y se le cae o tiene que acercarla al cuerpo para sujetarlo cuando nota el contacto en lugar de dirigir las manos para interceptar en la trayectoria. El patrón de lanzar con las dos manos también es muy inmaduro ya que no balancea los brazos desde atrás de la cabeza y el alcance del lanzamiento es muy corto. Tiene poca precisión cuando se le indica que lo cuele dentro de una caja y solo lo consigue cuando se acerca mucho.

**Pruebas de Elección de Dominancia Lateral**

Para confirmar que el niño es diestro, dado con esa edad ya debe haber lateralizado, le proponemos que lance una pelota pequeña dentro de un caja, que de una patada a una pelota para que pase entre la patas de una silla, que mire un objeto por un folio de papel enrollado y que hable por teléfono y en todas utilizo la parte derecha lo que deja poco lugar para dudar que la dominancia lateral es derecha.

**Pruebas de Destreza Lateral**

Las pruebas de destreza también confirman mayor habilidad con la mano y el pie derecho si bien la diferencia es poco significativa ya que, después de varios lanzamientos con una y otra mano y con uno y otro pie, los resultados son muy pobres aunque con más acierto con el hemicuerpo derecho.

## EXPLORACIÓN DE LA ORGANIZACIÓN ESPACIAL

La construcción del espacio es el proceso activo que el niño percibe los primeros años de forma subjetiva y que a partir de los tres años percibe el espacio objetivo que se puede orientar y organizar.

**Espacio Topológico**

Es el espacio subjetivo que vive el niño afectivamente y está muy relacionado con la imagen corporal y la confianza en sí mismo. Durante toda la valoración se siente muy cómodo y confiado, con interés en explorar los distintos objetos de la sala sin embargo en el desplazamiento se tropieza en ocasiones con los muebles que hay en la habitación.

**Espacio Proyectivo**

Conoce los conceptos espaciales fundamentales tanto topológicos (lejos-cerca, junto-separado, dentro-fuera) como proyectivos (arriba-abajo, delante-detrás, un lado y otro). Al tener una lateralidad definida reconoce sin dificultad la derecha y la izquierda de su cuerpo, del espacio y transferida a otra persona. Conoce diferentes tipos de trayectorias cuando le indicamos que trace sobre un papel un recorrido en línea recta, ondulada o circular. Tiene adquirida la noción de perspectiva e identifica un objeto desde dos puntos de vista distintos. Tiene interiorizada la direccionalidad lectoescritora de izquierda a derecha cuando se le propone alinear cinco fichas sobre la mesa.

## Espacio Euclidiano

Reconoce las principales figuras geométricas y las sabe representar cuando se lo pedimos. Es capaz de medir con pasos la habitación y con una regla la mesa aunque en esta última tiene cierta dificultad para afinar los centímetros totales. Reconoce en un plano los muebles y los objetos de la habitación que hemos representado en un folio.

## EXPLORACIÓN DE LA PERCEPCIÓN TEMPORAL

### Tiempo Corporal

Es capaz de ajustar la velocidad de desplazamiento a una frecuencia rítmica que marca el metrónomo aunque tiene cierta dificultad en la adaptación a los ritmos lentos, seguramente por falta de control inhibitorio. Esto concuerda con la dificultad para integrar el intervalo temporal e interrumpir el desplazamiento cuando se para el metrónomo y para adaptar el desplazamiento a un secuencia rítmica sencilla que marcamos con palmas (oo o oo o).

### Tiempo Rítmico

Es capaz de reproducir la frecuencia rítmica del metrónomo aunque se precipita en las frecuencias lentas. No reproduce una secuencia rítmica sencilla marcada con palmas y sigue con palmas el compás de una canción infantil. La dificultad para respetar las frecuencias lentas, el intervalo temporal y la secuencia son muestras de inmadurez en la inhibición motora.

## Tiempo Gráfico

Es capaz de hacer un dictado rítmico y codificar cada palmada pintando en un papel un palote y decodificar una partitura de palotes dando una palmada cuando señalamos uno aunque es necesario alargar el tiempo en que señalamos uno para que respete el intervalo.

## EXPLORACIÓN DE LA IMAGEN CORPORAL

### Construcción del Esquema Corporal

Conoce las partes del cuerpo, la mayoría de las articulaciones y desconoce algunas posturas y formas de desplazamiento y tiene dificultad para desplazarse reptando y en cuclillas.

**Dibujo de un Niño** (Escala de McCarthy) La representación de la figura humana es inmadura para su edad. Representa la cabeza como un óvalo vertical sólo con ojos y boca pero sin cejas, pestañas ni pupilas y la boca sin labios. No representa pelos, nariz ni cuello. Representa el tronco, más alto que ancho, sin hombros, con dos brazos incorrectamente colocados a mitad del pecho pero con dedos. Representa dos piernas y dos pies. El dibujo concuerda con la falta de experiencia corporal que parece estar detrás del pobre desarrollo psicomotor.

## Imagen de Sí

El conocimiento que tiene de sí mismo está sobrevalorado y no es consciente de sus limitaciones. Piensa que todo lo hace bien aunque no sea capaz de hacerlo. En ningún momento dio muestras de inseguridad aunque a veces rechaza la actividad propuesta que puede ser una manifestación de miedo al fracaso. Las pruebas que no le salían incluso las daba por bien hechas sin asumir los errores y, a veces evitando repetirlas. No percibe el riesgo ni parece tener miedo a las caídas que, por otra parte, parecen frecuentes.

## EXPLORACIÓN SENSORIAL

En la Exploración Visual no se observa ningún problema, reconoce formas, discrimina colores, tiene buena memoria visual y es capaz de seguir con la vista un objeto que se desplaza. En la Exploración Auditiva reconoce sonidos, tiene buena memoria auditiva y es capaz de seguir un estímulo sonoro oculto. En la Exploración Táctil identifica objetos ocultos con el tacto y discrimina lo caliente de lo frío y lo húmedo de los seco. En la Exploración Gustativa identifica los sabores dulce y salado y no rechaza probar sabores nuevos como un grano de café aunque no le gustó. En la Exploración Olfatoria asocia dos olores iguales y reconoce olores familiares.

## VI. EXAMEN DE LAS ACTIVIDADES PRÁXICAS

## EXPLORACIÓN DE LAS PRAXIAS GLOBALES

Se evalúa la capacidad de coordinar una secuencia de movimientos complejos dirigidos a un fin en que interviene el cuerpo en su totalidad.

**Secuencia de Gestos**

Es capaz de realizar una secuencia de gestos sencilla en la que participan diferentes partes del cuerpo. Tiene poca capacidad de planificar y verbalizar una secuencia de movimientos y cambios posturales antes de realizarla.

**Imitación de Gestos.-**

Tiene buena capacidad de imitar una secuencia motora en espejo de gestos y de cambios posturales de forma simultánea.

**Memoria Motriz**

Es capaz de reproducir en diferido una secuencia motora que sea corta y sencilla pero se confunde cuando se mezclan gestos de distinta naturaleza o de control corporal homolateral y cruzado de forma alterna.

**Movimientos Disociados**

No es capaz de realizar dos movimientos alternativos y opuestos. Tampoco de realizar un movimiento con las manos y otro con los pies al mismo tiempo y a la misma velocidad.

## PRAXIAS BUCOFACIALES

Esta valoración es complementaria a la exploración de los pares craneales. Los movimientos de la lengua están limitados, son cortos y algo torpes, tanto dentro como fuera de la boca. No se observa desviación en la comisura bucal y el labio superior tiene muy poca movilidad. Las mejillas son simétricas cuando las hincha y el soplo débil. Realiza movimientos de masticación y de lateralización de mandíbula. Tiene cierta dificultad para emitir sonidos guturales.

## EXPLORACIÓN DE LAS PRAXIAS RESPIRATORIAS

La respiración es irregular porque interrumpe el ciclo al tener que tragar saliva. Tiene poca capacidad inspiratoria y espiratoria pero conoce las partes del ciclo y es capaz modificarlo cuando le indicamos retener el aire en los pulmones al inspirar y esperar para coger aire después de espirar.

## EXPLORACIÓN DE LAS PRAXIAS MANIPULATIVAS

El desarrollo del control manipulativo tiene una evolución próximo-distal por lo que la valoración empieza en los hombros hasta llegar a las yemas de los dedos y al manejo de mecanismos y herramientas.

**Movimientos de Hombros y Brazos**

No se observa limitación en el control de los movimientos de las articulaciones del hombro, codo y muñeca de flexión, extensión, lateralización y giro.

## Movimientos de Dedos y Yemas

No tiene dificultad en abrir y cerrar las manos aunque con predominio flexor. Al separa y juntar los dedos se observa cierta dificultad más evidente en la falta de control independiente de los dedos y en el uso con precisión de la pinza digital.

## Movimientos Utilitarios

Tiene poca habilidad para manejar herramientas como tijeras o sacapuntas. No usa cuchillo ni tenedor porque le cortan la comida. No sabe atar los cordones.

## Movimientos Grafomotores

La actitud postural es correcta pero no la sujeción del lápiz ni la ejecución de los trazos que son inseguros y titubeantes.

## VII. PROGRAMA PARA EL DESARROLLO PSICOMOTOR

Al tratarse de un trastorno psicomotor leve secundario a una falta de experiencia corporal e imagen corporal sobrevalorada el programa de intervención tiene que abordar todas las áreas del desarrollo psicomotor para una adecuada integración de sus posibilidades y limitaciones reales. La intervención debe incidir en todas las áreas del desarrollo psicomotor de los tres niveles madurativos: Neuromotor (Tono Muscular, Equilibrio y Coordinación), Percepivomotor (Lateralidad, Estructuración Espacio-Temporal, Imagen Corporal) y Práxico (Praxias Globales, Manipulativas, Bucofonatorias y Respiratorias).

Muchos autores dividen las actividades práxicas en sólo dos áreas: praxias globales y praxias finas, las primeras referidas a movimientos globales y las segundas a movimientos segmentarios manipulativos y bucofonatorios. La respiración no se suele incluir en las actividades práxicas por ser un proceso, esencialmente, automático pero si el control respiratorio está supeditado al lenguaje oral, al canto, a la interpretación musical con un instrumento de viento o a la relajación la respiración es una auténtica praxia.

## I. ESTIMULACIÓN DE LAS ACTIVIDADES NEUROMOTRICES

TONO MUSCULAR. Es el auténtico telón de fondo del desarrollo psicomotor y el primer aspecto que hay que abordar en la intervención. El control postural es el punto de partida ya que es imprescindible para mejorar la estabilidad del eje medio y para la organización de movimientos distales de piernas y brazos, inicialmente a partir del control de cabeza y cuello y después fortaleciendo la musculatura paravertebral que descarga de peso la columna vertebral y la estabiliza.

Otras actividades muy importantes son aquellas que experimente con el tono de acción, presente en cualquier actividad motriz y que se percibe mejor en aquellas que tenga que emplear fuerza, y el tono de reposo, que se manifiesta con la inmovilidad y se percibe mejor con la relajación.

La interiorización del tono de acción y de reposo es un requisito para la integración y el control voluntario del contraste tónico contracción y relajación, a nivel global y a nivel segmentario

EQUILIBRIO. Se debe abordar con distintas actividades para la integración del eje medio y para mejorar el equilibrio estático y dinámico.

Las actividades para mejorar el equilibrio estático y el control del eje medio corporal pueden ir desde mantenerse de pie inmóvil con los pies juntos hasta otras en las que tenga que mantener el equilibrio de pie sobre un plato o tabla de Boheler o sentado sobre una superficies inestables como un balón de Bobath o un rulo de foam.

A continuación se introducen inclinaciones del eje medio corporal, hacía delante y detrás y hacía los lados, sujetándolo por las manos y después solo. Los cambios posturales favorecen las adaptaciones del eje medio y el equilibrio dinámico.

La vestibulación, estimulación del sistema vestibular con columpios o en decúbito ventral y dorsal sobre el balón de Bobath, es otro aspecto fundamental de la intervención de suma utilidad para familiarizarse con las distintas posiciones de la cabeza en el espacio.

COORDINACIÓN DE MOVIMIENTOS. El control de la bipedestación, las inclinaciones de eje medio y los cambios posturales son necesarios para el desarrollo de los patrones locomotores. En esta área de intervención se aborda la locomoción (coordinación de los patrones de marcha, carrera y salto) y la coordinación óculo-manual.

Las actividades para trabajar la coordinación dinámica son variadas e incluye, entre los aspectos más relevantes, la marcha ritmada, adaptar la velocidad de desplazamiento a la frecuencia rítmica que marca un instrumento de percusión ya sea andando o corriendo.

Después otras formas de desplazamiento como reptar, rodar, marcha hacia delante, atrás, lateral o subir y bajar un escalón y una escalera.

El desplazamiento sobre un plano inclinado, sobre superficies inestables e irregulares, como colchonetas de educación física, colchón de salto, césped o arena de playa, favorecen los ajustes del tobillo para estabilizar el eje medio en función de la superficie de apoyo.

Es importante que estas actividades las realice descalzo para percibir la sensación plantar y la adaptación de los apoyos plantares, dos antepié y uno en el retropié.

Después de trabajar la estabilidad del eje medio (control proximal) se deben abordar los movimientos de las extremidades (control distal), locomotores, de los que ya hemos hablado, y manipulativos, desde los hombros hasta los dedos. Además de la secuenciación de los movimientos articulares hay que trabajar la coordinación óculo-manual, la sensación táctil, la prehensión, la presión y la manipulación. El control manipulativo, bimanual y monomanual, está a caballo entre la lateralidad y la organización práxica, que es la secuenciación de movimientos dirigida a un fin.

## II. ESTIMULACIÓN DE LAS ACTIVIDADES PERCEPTIVOMOTORAS

Tono muscular, equilibrio y coordinación de movimientos, locomotores y manipulativos, son actividades neuromotoras mientras que lateralidad, estructuración espacio-temporal e imagen corporal son actividades perceptivo motoras.

LATERALIDAD. Aunque es un aspecto determinante del desarrollo psicomotor, íntimamente relacionada con las funciones de los hemisferios cerebrales y responsable de la dominancia manual y pedal, al tratarse de un niño con lateralidad definida no es necesario trabajar la percepción de la dominancia sino la destreza manipulativa y, si fuese necesario, también pedal. La dominancia lateral definida significa que el niño perciba la diferencia funcional y la mayor destreza de mano derecha y en menor grado de pie derecho.

**ESTRUCTURACIÓN ESPACIO-TEMPORAL.** La finalidad de este programa es favorecer la construcción de un espacio objetivo y organizado que le permita planificar las acciones y actuar. Para trabajar las distintas percepciones que tiene del espacio se empieza por el *espacio topológico*, que es el espacio que se recorre, para que se familiarice con el espacio del aula y con el parque, fundamentalmente, ya que como el entorno del barrio lo frecuenta poco y es desconocido para él, para que afiance los conceptos dentro-fuera, abierto-cerrado, lejos-cerca y junto separado. El *espacio proyectivo* es un espacio dual que se organiza y en el que aparecen los conceptos de arriba y abajo, delante y detrás, a un lado y a otro e izquierda y derecha.

Finalmente el *espacio euclidiano* que es el espacio que se mide y se representa y favorece el uso de medidas corporales, pasos, pies o cuartas, el uso de instrumentos de medida y la representación gráfica, la geometría, el plano y los sistemas de coordenadas cartesianas.

Para trabajar la percepción temporal es de mucha utilidad la marcha ritmada, adaptar la velocidad de desplazamiento a las frecuencias rítmicas marcada.

Es especialmente importante la adaptación a las frecuencias rítmicas lentas para favorecer la maduración ya que cuando se precipita en los ritmos lentos puede ser signo de un deficiente control de la inhibición motora.

Junto con los ritmos lentos, el intervalo es otro de los pilares del programa psicomotor para favorecer la capacidad de inhibición de movimientos.

Aunque no es el caso que nos ocupa, en el caso contrario, cuando no adapta el desplazamiento a los ritmos rápidos, se puede asociar a inseguridad, inhibición y aislamiento o, lo que viene a ser lo mismo una imagen corporal devaluada con falta de confianza en sus posibilidades motrices..

IMAGEN CORPORAL. Como tiene una imagen corporal sobrevalorada no es consciente de sus posibilidades y, especialmente, de sus limitaciones. Eso se puede manifestar en que no se asusta de nada, no tiene miedo al peligro, afronta las actividades propuestas con seguridad pero no asume los errores.

Es necesaria una construcción real de la imagen corporal a partir de la experiencia corporal, no solo con el conocimiento de las partes del cuerpo sino con el uso eficaz y la exploración de las posibilidades motrices asociada a un análisis real de los resultados obtenidos.

La educación sensorial y la experiencia corporal le deben ayudar a construir una imagen corporal acorde con sus posibilidades y sus limitaciones que debe reflejar en la representación de la figura humana.

## III. ESTIMULACIÓN DE LAS ACTIVIDADES PRÁXICAS

PRAXIAS GLOBALES. Otro aspecto que hay que incluir son las actividades de secuenciación de acciones y de planificación motora. Para trabajar las praxias globales es útil la imitación simultánea de gestos, en espejo y diferida. También puede representar con el cuerpo animales, actividades de la vida cotidiana como las praxias sin objeto fundamento de la mímica y la expresión corporal.

PRAXIA MANIPULATIVA. En lo que se refiere a la motricidad manipulativa, es preciso empezar a trabajar el manejo de diversas herramientas y mecanismos.

Actividades de arrugado y rasgado de papel así como las de apilar, enroscar y encajar. El manejo de cubiertos tiene una finalidad motora pero también social. El uso de cubiertos de plástico, inicialmente como un juego independiente de la comida, para transportar objetos pequeños con la cuchara y cortando una tira de plastilina con cuchillo y tenedor.

Después con cubiertos reales para iniciar los hábitos en la mesa aunque al principio se pueda caer la comida de la cuchara cuando la lleva hasta la boca o tenga dificultad para cortar determinados alimentos.

La secuenciación motora y el uso de la pinza digital son necesarias para la manipulación precisa en primera instancia y el control grafomotor posterior.

Para mejorar la coordinación óculo-manual y viso-motora se deben trabajar los patrones motores de recoger, arrojar y, después, el seguimiento grafomotor de una línea de puntos y la precisión en el ajuste al trazado y las líneas de referencia.

PRAXIA RESPIRATORIA. Para mejorar la articulación del lenguaje y el control del babeo es sumamente importante la tonificación de la musculatura orofacial pero también la respiratoria. Para la fonación hay que fortalecer el diafragma y la musculatura intercostal para que aumente la fuerza con que emite la columna de aire a presión que hace vibrar las cuerdas vocales.

Las actividades como soplar velas o inflar globos son útiles para mejorar la capacidad espiratoria y actividades como oler distintos aromas, la inhalación para mejorar la capacidad inspiratoria y respirar a distintos ritmos para mejorar el control. Para mejorar la intensidad y el control del soplo se pueden utilizar múltiples juegos, con bolas de algodón o de papel de distintos tamaños, como recorrer un camino sin salirse, una carrera de bolas, quién la envía más lejos de un soplo o quién la deja dentro de una zona marcada.

Para el control de la salivación y el babeo hay que recordar cerrar la boca, se le pide que trague y apoye los dedos sobre la nuez para qué tome conciencia de la deglución. Se puede emplear una pajita para beber líquidos de distinto espesor (agua o batido) para que se habitúe a sorber y a tragar.

Otra actividad de utilidad para mejorar control del babeo consiste en coordinar la motricidad bucofacial y la respiración para lo que tiene que mantener la boca cerrada, los dientes unidos, el ápice lingual tras los alvéolos superiores y la respiración nasal. Aunque no tiene un trastorno específico de la deglución se puede colocar una pequeña cantidad de gelatina alimenticia entre el labio inferior y los dientes para que la recoja con la lengua y la trague.

PRAXIAS BUCOFONATORIAS. Uno de los aspectos a tener en cuenta en la programación es el componente motor de la articulación del lenguaje, no así tanto la comprensión que no parece estar afectada. Para abordar el trastorno del lenguaje expresivo es importante trabajar la motricidad de cara, lengua, labios, mejillas, mandíbula y paladar blando, este último con la emisión de los sonidos guturales.

Para estimular el tono de la musculatura fono-articulatorio es de utilidad la emisión de gritos de distinta naturaleza tanto prolongados como entrecortados, crecientes o decrecientes.

Además es conveniente incluir ejercicios que impliquen un cambio en el volumen de la voz, vocalización exagerada y como actividades cantadas para la modular la intensidad de la voz. Para mejorar la expresión lingüística, la entonación y emoción del lenguaje se pueden utilizar cuentos narrados para que emita onomatopeyas e imite sonidos de objetos, de animales o estados de ánimo como risas o enfado.

Para mejorar el control de la musculatura bucofacial empleamos actividades de gesticulación como hacer muecas con la cara hinchada o chupada, imitar un bostezo o que mastica chicle con distintas partes de la arcada dentaria. También con movimientos exagerados para modificar la forma de la cavidad oral mientras pronuncia las cinco vocales.

Además de los juegos de imitación de sonidos y de soplo vamos a utilizar otros que son específicos para la musculatura articulatoria. Para las praxias orofaciales la cavidad oral es una casa en la que los labios es la puerta que se abre y que se cierra, la nariz la chimenea por donde sale el humo y la lengua la inquilina que recorre por todos los rincones para limpiar y cuando le indicamos y sale, entra o recorre los labios de una comisura a otra. Para las praxias labiales otros juegos para tirar un beso o para hacer vibrar los labios como el sonido que hace el motor de una moto o de un coche. Finalmente movimientos para articular los distintos fonemas para llegar a la conversación espontánea.

## IV. ORIENTACIONES A LA FAMILIA

El papel de los padres es fundamental en la intervención dado que parte del problema puede ser debido a la sobreprotección. Los padres deben ser receptores de asesoramiento y cooperar positivamente en el proceso evolutivo de su hijo para alcanzar mayor autonomía y una imagen corporal más acorde con la realidad.

La relación entre el padre, la madre y el hijo puede desfavorecer y condicionar el ritmo evolutivo del niño por lo que hay que ofrecer el ambiente adecuado, ni muy permisivo ni tampoco muy exigente. Tienen que actuar como nexo entre el terapeuta y el niño para que los avances obtenidos en el entorno controlado del gabinete se puedan traspasar a otros contextos de su vida.

La familia debe tener un papel determinante en la intervención y apoyar a su hijo pero también para recordar cuales son sus aptitudes y sus dificultades. Tan importante es reconocer sus talentos especiales como sus limitaciones concretas para construir una imagen realista de sí mismo, que lo feliciten cuando lo merezca pero que le hagan analizar sus errores.

Es muy importante que participe en las actividades del niño en el hogar y asuma alguna responsabilidad para lo que es conveniente establecer un horario para actividades cotidianas como asearse, poner y recoger la mesa para la comidas, ordenar su habitación, hacer los deberes y preparar los materiales para el colegio y, por supuesto, para jugar con otras personas, con videojuegos, con el ordenador o ver la televisión.

Para implicarlo en estas actividades es necesario que las instrucciones sean sencillas, que las entienda y que vea su necesidad. De lo contrario, repetir las instrucciones, mostrar cómo hacerlo y dar tiempo para que pueda reflexionar.

Las actividades al aire libre y las actividades deportivas le pueden ayudar a enriquecer la experiencia corporal y, en consecuencia, mejorar la coordinación en particular y las actividades motrices en general. Los deportes de contacto, como el fútbol o el baloncesto, además de favorecer el desarrollo motor, sirven para favorecer la colaboración y la relación entre iguales. Otros deportes como el judo pueden servir para mejorar el autocontrol y la inhibición motora.

Finalmente, para mejorar su imagen corporal y la percepción de sus posibilidades y limitaciones es necesario que se relacione con otros niños de su entorno, de su vecindario, que juegue e interaccione con ellos. El parque es un lugar de encuentro, socialización y de experiencia corporal. La excesiva protección y la relación con los adultos limita la posibilidad de equivocarse y de aprender de los errores.

# CASO 5. ATAXIA CEREBELOSA

## I. ANAMNESIS

Niña de cinco años de edad que presenta discapacidad motora del 36% de origen cerebeloso que afecta al equilibrio, a la marcha, a la coordinación general de movimientos, al lenguaje y al aprendizaje. El cuadro que presenta es secuela de parálisis cerebral del tipo atáxica debido a sufrimiento fetal en el transcurso del parto. Es la mayor de tres hermanos, un niño y una niña, y la familia es humilde, el padre trabaja en hostelería y la madre es ama de casa.

Escolarizada en educación infantil de cinco años en un colegio público en la modalidad centro ordinario con apoyo a periodos variables. Recibe atención especializada por el maestro de pedagogía terapéutica, la maestra de audición y lenguajes y la monitora de educación especial para los desplazamientos por el centro, en el recreo y en el aseo y para el autocuidado.

El trastorno del equilibrio provoca una actitud de inseguridad que le limita la participación en actividades colectivas motoras, debido a la escasa capacidad de defensa ante la caída.

## II. EXAMEN NEUROMOTOR

## TONO MUSCULAR

En la exploración se observa hipotonía sin hiperextensibilidad articular. La resistencia pasiva a los movimientos de piernas y de brazos está disminuida. El control del tono muscular está alterado y compromete el mantenimiento de la postura y la precisión.

Cuando se le propone que realice movimientos voluntarios con cierta dificultad aparece temblor intencional (diferente al temblor en reposo que aparece con la afectación del sistema extrapiramidal que regula el tono muscular en reposo, el tono muscular residual que está presente cuando no se realiza ninguna acción y prepara para el movimiento).

La respuesta refleja osteotendinosa bilateral (reflejo rotuliano, reflejo aquíleo y reflejo cubital), está disminuida y presente el fenómeno de rebote en la prueba de Stewart-Holmes (al pedirle que flexione el antebrazo contra resistencia cuando cesamos de oponer resistencia golpea contra su cuerpo por imposibilidad de interrumpir el movimiento).

## EQUILIBRIO

La alteración del equilibrio, estático y dinámico, y el deficiente control postural en bipedestación es de los aspectos más sobresalientes de la exploración.

Esta incapacidad para mantenerse inmóvil de pie es mucho más evidente con los pies juntos y con los pies alineados e imposible que se mantenga sobre las puntas de los pies. En la Prueba de Romberg, de pie con los ojos cerrados, aumenta la inestabilidad y las constantes pérdidas de equilibrio.

## LOCOMOCIÓN

La marcha es atáxica con inestabilidad del eje medio (similar al provocado por la embriaguez donde hay intoxicación etílica del cerebelo), con desplazamiento del centro de gravedad hacia delante, apertura de la base de sustentación, de característica taloneante y extensión lateral de los brazos para facilitar el control del equilibrio.

No ha desarrollado el reflejo en paracaídas (extender los brazos delante como defensa ante la caída). No tiene adquirido los patrones locomotores de carrera y salto. Baja y sube escaleras sin alternar los pies y sujeta al pasamano.

## COORDINACIÓN ÓCULO MANUAL

La coordinación general de movimientos es deficiente con dificultad para realizar cambios posturales. Esa dificultad también se evidencia tanto a nivel óculo-manual como óculo-pedal. Se observa asimetría y titubeo en la Pruebas Dedo/Nariz, Dedos/Dedos y Talón/Rodilla, más evidente cuando se realiza con los ojos cerrados.

Además de dismetría presenta adiadococinesia (movimientos rígidos de mano y dedos característica de esta afectación) que contrasta con la excesiva pasividad a las movilizaciones. No es capaz de disociar dos movimientos distintos con las manos de forma simultánea y tampoco con pies y manos. incapacidad para disociar movimientos.

### III. EXAMEN PERCEPTIVO MOTOR

La LATERALIDAD está definida y utiliza preferentemente la mano derecha para escribir y manipular aunque con escasa habilidad como consecuencia de la dismetría y de la falta de coordinación.

La ESTRUCTURACIÓN ESPACIO TEMPORAL se observan ciertas reservas al ocupar el espacio pero tiene un conocimiento de las nociones espaciales acorde con su edad. La dificultad para adaptarse a los ritmos rápidos no es por un déficit en la percepción temporal sino debido a la deficiente coordinación de movimientos.

La IMAGEN CORPORAL está muy devaluada debido al deficiente control del equilibrio, la mala coordinación dinámica general y a la ausencia de reacción en paracaídas. El cuadro ha dado lugar a una actitud de inseguridad que le limita la participación en actividades colectivas de naturaleza motora, debido a la escasa capacidad de defensa ante la caída y, en consecuencia, a la falta de confianza en sus posibilidades motrices.

## IV. EXAMEN PRÁXICO

Se observa una afectación general de la organización práxica. En las PRAXIAS GLOBALES tiene dificultad para reproducir una secuencia motora segmentaria en directo y en diferido e imposible a nivel global por el trastorno del equilibrio.

Las PRAXIAS MANIPULATIVAS también están afectadas por el temblor intencional de la mano dominante y por la descoordinación de la mano auxiliar, evidente en la escritura disgráfica y con letra demasiado grande.

Las PRAXIAS RESPIRATORIAS controla el ciclo pero con poca capacidad respiratoria y no retiene el aire en los pulmones cuando se le indica.

Las PRAXIAS BUCO-FONATORIAS es donde se observan más problemas ya que por la lesión cerebral y a la afectación motora presenta una Disartria, trastorno del lenguaje expresivo secundaria al déficit motor, que afecta a la fonación, a la articulación y a la entonación.

## V. PROGRAMA PSICOMOTOR

Los objetivos del programa psicomotor son mejorar el equilibrio, la coordinación de movimientos, la manipulación y la imagen corporal, para lo que vamos a proponer actividades que puedan enriquecer la experiencia corporal.

## EQUILIBRIO ESTÁTICO

El equilibrio es el aspecto que hay que tratar de forma prioritaria ya que es, en gran medida, responsable de la falta de autonomía y de la inseguridad que tiene, para mejorar la coordinación dinámica e intentar mejorar la imagen corporal. Los aspectos específicos que hay que trabajar son estabilidad del eje medio, vestibulación y reacciones de equilibración.

**El control de los movimientos proximales** como punto de partida para mejorar la estabilidad del eje medio corporal, el control postural y el equilibrio estático. La sedestación se trabaja primero con ayuda de nuestras manos, con cojines alrededor o apoyado con la espalda en la pared. Después con el apoyo lateral de sus manos en el suelo y, finalmente, sin ningún tipo de ayuda. La sedestación se integra cuando es capaz de mantenerse sentada sin apoyos mientras manipula los objetos situados a su alrededor.

Las actividades sentada sobre un rulo de foam o sobre el balón de Bobath, sujeta primero por las axilas, tronco, cintura y, finalmente, por los muslos, mejoran la sedestación, el equilibrio estático y el control de las inclinaciones del eje medio. En el colegio, para permanecer sentada en una silla, es de utilidad el uso de una mesa de escotadura ya que al ser envolvente permite el apoyo de los codos, estabiliza la postura y facilita la manipulación. Es conveniente que realice las actividades con los ojos abiertos y con los ojos cerrados

**El control de los movimientos distales** de brazos es de utilidad para redistribuir el peso del cuerpo alrededor del eje medio corporal. El control postural (de cabeza, cuello y tronco), la sedestación y la bipedestación, son necesarios para la integración del eje medio corporal e imprescindible para el control de los movimientos distales de piernas y brazos y el desarrollo de las reacciones de equilibración.

Las inclinaciones del eje medio, los movimientos distales de brazos y la apertura de la base de sustentación son las tres reacciones de equilibración que se tienen que desencadenar de forma automática para estabilizar el eje medio si percibe que va a perder la verticalidad. Mantener la bipedestación sobre una superficie inestable que se hunden con el peso del cuerpo, como colchonetas de educación física o colchón de salto, favorecen el desequilibrio con lo que se desencadenan las reacciones de equilibración. Estas reacciones junto al reflejo en paracaídas, reacción automática de extensión de los brazos al frente como defensa en caso de caída pueden mejorar considerablemente la imagen corporal para participar con cierta normalidad en los juegos colectivos.

**La vestibulación** es otro aspecto que no puede faltar en la programación son actividades para favorecer la percepción de la información que proporciona el sistema vestibular sobre las inclinaciones de eje médico y la posición de la cabeza en el espacio.

La estimulación vestibular sirve para mejorar el equilibrio y la funcionalidad a partir de la experiencia corporal. Las inclinaciones del eje medio, en bipedestación sujeta por las manos, sirven de aproximación a esta reacción de equilibración.

Las actividades tumbadas en decúbito ventral y dorsal sobre el balón de Bobath, mientras la sujetamos, favorecen de vestibulación al poder situar su cabeza en posición horizontal e invertida. También se pueden utilizar vestibuladores como un columpio o los aparatos similares que hay en los parques infantiles.

**EQUILIBRIO DINÁMICO**

Los aspectos específicos que hay que trabajar son los cambios posturales, las formas de locomoción previas a la marcha, distintas formas de marcha y el inicio de la carrera. Dentro de sus posibilidades debe realizar algunas de las actividades con los ojos cerrados.

**Las distintas formas de locomoción**, previa a la marcha, como la reptación y el gateo, sirven para favorecer la coordinación y la integración funcional de los segmentos corporales. La experiencia corporal nace en el uso que hace de su cuerpo, cuanto más variado sea más rica es la información que recibe. Además de la reptación y el gateo se puede trabajar, a nivel proximal, el desplazamiento rodando que es de utilidad para la percepción del eje medio corporal.

**Los cambios posturales** sirven para mejorar coordinación, equilibrio dinámico y alineación postural. Pasar de tumbada boca abajo o boca arriba a la posición de rodillas o sentada. Pasar de sentada en el suelo a ponerse de pie y de agachado a de pie y viceversa. De pie agacharse tocar el suelo e incorporarse.

**El control de la marcha** es el aspecto más determinante de la intervención para mejorar la autonomía para lo cual hay que trabajar la marcha sobre superficies de apoyo con distinta consistencia (blanda, semiblanda y dura) es conveniente que realice estas actividades descalza para que perciba el contraste y como recae el peso del cuerpo sobre la planta del pie cuando cambia la superficie de apoyo.

Caminar sobre superficies con distinto grado de inclinación sirve para que incline el eje médico hacia delante cuando sube y hacia detrás cuando baja los mismos grados que tiene en plano inclinado. Para mejorar el equilibrio dinámico durante la marcha es conveniente que realice trayectorias en zig zag, circulares, cambios del sentido del giro, de la dirección de desplazamiento así como caminar hacia delante, detrás y lateralmente.

**Para iniciar la carrera** y también la marcha he confeccionado un arnés andador, con una cuerda de algodón de las que se suelen usar en psicomotricidad, que sirve de ayuda para mantener la verticalidad y evitar el riesgo de caídas.

Para fabricarla tenemos que doblar la cuerda por la mitad, hacer un nudo dejando un anillo por donde pasar los dos extremos y otro nudo en el extremo para que no se salga, y que de esa forma queden dos aros para ajustar uno a cada axila y sujetar el extremo para facilitar el mantenimiento de la postura. Al inicio de la carrera es imprescindible ya que, aunque es difícil evitar que se produzca alguna caída, con la cuerda se puede amortiguar el golpe y se minimiza el riesgo.

## COORDINACIÓN DINÁMICA

Después de la integración del eje medio corporal y de la automatización de las reacciones de equilibración se pueden proponer multitud de actividades de marcha para favorecer la automatización del patrón locomotor, mejorar el equilibrio dinámico y la coordinación de movimientos

**Marcha y detener la marcha.** Caminar de aro a aro, parar dentro de cada uno y después seguir. Caminar de aro a aro, parar dentro de cada uno, agacharse, tocar el suelo dentro del aro, incorporarse y seguir.

**Marcha y cambia de dirección.** Caminar en línea recta con la mirada fija en un punto lejano, en círculo en un sentido y en otro, en zig zag sorteando bolos, girando alrededor de cada bolo, sobre bolos con piernas abiertas, cambiar a la dirección opuesta a la señal, por un pasillo estrecho tocando con una y otra mano, de forma alternativa, una pared y otra pared, hacia detrás y lateralmente.

**Marcha dificultada.** Caminar por encima de una hilera de colchonetas, superficie blanda que le impide arrastrar los pies, sujeto por el arnés para equilibrarla o amortiguar la caída si pierde el equilibrio. Después caminar por una línea mientras toca las palmas. Caminar sosteniendo un saquito de arena en la cabeza. Caminar sosteniendo una pelota en cada mano. Caminar en línea recta con los ojos tapados. Caminar hacia delante y hacia detrás con los ojos tapados

**Marcha para cambiar de nivel.** Caminar y pasar por encima de una sucesión de vallas de diez centímetros de altura. Subir y bajar una escalera hecha con colchonetas de educación física superpuestas. Subir y bajar un escalón. Subir y bajar una escalera alternando los pies sujeta al pasamano. Subir por una escalera apoyando los dos pies en cada escalón y nos situamos detrás de ella sujetando el arnés. Bajar una escalera apoyando los dos pies en cada escalón y nos situamos detrás de ella sujetando el arnés desde un escalón más alto.

**Carrera inicial.** Sujeta con el arnés ir aumentando progresivamente la velocidad de la marcha en línea recta sobre una superficie bien rasada.

**COORDINACIÓN VISO-SEGMENTARIA Y MANIPULACIÓN**

La dismetría y el temblor intencional son dos aspectos a tener presentes en la programación dirigida a mejorar la coordinación óculo manual y óculo pedal, la coordinación bimanual, el uso de la pinza digital y la manipulación de objetos con habilidad.

**Coordinación óculo pedal.** Patear un balón, una pelota más pequeña y una pelota de tenis, paradas en el suelo, con la pierna dominante. Patear un balón, una pelota y una pelota de tenis que le llega rodando. Desplazar por el suelo, dando patadas, un objeto poliédrico que no ruede.

**Coordinación óculo manual.** Lanzar con las dos manos una pelota grande lo más lejos posible, contra una pared y dentro de una caja. Recoger con las dos manos una pelota grande que le lanzamos después de botar en el suelo y a continuación sin bote en el suelo. Recoger con las dos manos una pelota de tenis que le lanzamos después de botar en el suelo y a continuación sin bote en el suelo. Lanzar con las dos manos una pelota grande contra una pared y cogerla después de botar en el suelo. Lanzar con la mano dominante una pelota de tenis lo más lejos posible, contra una pared y dentro de una caja

**Control de los movimientos manuales.** Para mejorar el control manipulativo, previamente, es necesario trabajar los movimientos articulares segmentarios activos de hombros, brazos y muñeca.

A continuación la disociación de movimientos de una mano y de otra. Después el movimiento independiente de los dedos y oposición al pulgar como contar tocando el pulgar con el resto de los dedos, tamborilear con los dedos sobre la mesa o representar con los dedos figuras de animales.

Finalmente disociar la fuerza de prensión con que se coge un objeto con la mano y la fuerza de presión que se puede ejercer con un objeto (se puede sujetar una tiza con fuerza y marcar un trazo fuerte o flojo), un aspecto muy importante para el control grafomotor.

**Coordinación monomanual.** Se propone apilar sobre la mesa taquitos de madera para hacer una torre. Encajar figuras geométricas en un tablero perforado. Coger con la pinza digital índice pulgar objetos cada vez más pequeños para introducir en un recipiente. Hacer una bola con un papel cada vez más pequeño. Colocar en equilibrio pelotas de tenis sobre un soporte.

**Coordinación bimanual.** Sacar punta a un lápiz. Ensartar un collar de bolas. Cortar con cuchillo y tenedor de plástico una tira de plastilina. Rasgar papel sujetando la hoja con la mano auxiliar y con el índice y pulgar de la dominante. Sostener una pelota de tenis con la mano auxiliar, lanzarla al aire y golpear con una pala con la dominante.

## RESPIRACIÓN Y LENGUAJE

**Ciclo respiratorio.** Marcar los tiempos del ciclo respiratorio, inspirar por la nariz, retener el aire en los pulmones, espirar por la boca y esperar antes de volver a tomar aire.

**Motricidad facial y bucofonatoria.** Frente al espejo realizar gestos con la cara de distintos estados de ánimo como alegría, enfado, risa o llanto. Imitar movimientos de lengua, labios, mejillas y mandíbula.

**Entonación y canto.** Emitir onomatopeyas de animales. Repetir un mismo fonema subiendo y bajando, de forma progresiva, el volumen de la voz. Decir distintas frases enfatizando mucho. Cantar canciones infantiles acompañadas de palmas o de gestos.

## IMAGEN CORPORAL

Aunque tenga falta de confianza en sus posibilidades motrices no se puede decir que tenga una imagen corporal devaluada ya que es consciente de sus posibilidades y de sus limitaciones. No es necesario, por tanto, hacer un trabajo específico más allá de mejorar el equilibrio y la coordinación de movimientos para mejorar sus posibilidades motrices.

## RESULTADOS DE LA INTERVENCIÓN

El tratamiento psicomotor ha tenido como objetivo fundamental mejorar el equilibrio y la coordinación con múltiples experiencias motrices para que se familiarice y disfrute de las sensaciones que produce su cuerpo en movimiento y, secundariamente, mejorar la confianza en sus posibilidades motrices. Los resultados del tratamiento individualizado, durante siete cursos, han sido muy buenos en la locomoción, insuficientes en la manipulación y aceptables en lo lingüístico. El equilibrio y la marcha han mejorado de forma considerable pero el patrón de carrera todavía es muy inmaduro, inseguro y poco coordinado el patrón cruzado de piernas y brazos.

La manipulación todavía es deficiente aunque ha mejorado el manejo de mecanismos y las actividades viso constructivas. A nivel de lenguaje se observa una mejoría discreta en la articulación y una mejoría significativa de la entonación y la interacción verbal. La confianza en sus posibilidades motrices ha mejorado de forma considerable así como la relación con los compañeros, se muestra más sociable y cariñosa y, mientras antes apenas jugaba con otros niños o niñas, ahora participa mucho más en el recreo. En el aprendizaje la opinión del profesorado es mucho más optimista aunque es necesario estar pendiente de ella para que termine las tareas propuestas. Hay que destacar el compromiso y la implicación de la familia con la educación de la niña y el trabajo de apoyo educativo que realizan en su casa.

# BIBLIOGRAFÍA

ALDER.H: *Pensar para la excelencia con el lado derecho de su cerebro.* Editorial EDAF. Madrid, 1995.

BRUNET,O. LÉZINE,I.: *Le developpement psychologique de la première enfance.* Editorial P.U.F. París, 1965.

BUCHER,H.: *Trastornos psicomotores en el niño. Práctica de la reeducación psicomotriz.* Editorial Masson. Barcelona, 1988.

CAMBIER,J. MASSON,M. DEHEN,H.: *Manual de neurología.* Editorial Masson. Barcelona, 1983.

Castañer, M., Torrents, C., Dinusova, M. & Antequera, M. *Habilidades motrices en expresión corporal y danza detección de T-Patterns.* Moticidad European Movement(71), 161-177, 2008.

CASTRO,L.: *Estudio sobre el desarrollo psicomotor y el aprendizaje.* Tésis doctoral, Facultad de Medicina, Universidad de Sevilla, 1996.

CASTRO,L.: *Valoración del desarrollo psicomotor. Material para el Título de Experto en Psicomotricidad.* Edita Fundación Instituto de Ciencias de Hombre. Madrid, 1997.

CASTRO,L.: *Programa de los veinte aros. La práctica psicomotriz en el currículum de educación infantil.* Tercera Edición. Editorial CEPE. Madrid, 1982.

CENIZO,J.M., RAVELO, J., MORILLA,S., FERNÁNDEZ-TRUAN,J.C.,: *Test de coordinación motora 3JS: Evaluando y analizando su implementación.* Edital FEADEF, 2017.

Cenizo, J. M., Ravelo, J., Morilla, S., Ramírez, J. M. & Fernández, J. C. *Design and validation of a tool to assess motor coordination in Primary.* Revista Internacionalde Medicina y Ciencias de la Actividad Física y del Deporte(62), 203-219, 2016.

DANIELS,L. WORTHINNGHAM,C.: *Pruebas funcionales musculares.* Editorial Interamericana. Madrid, 1982.

FERNANDEZ-TRUAN,J.C., RAVELO, J. y MORILLA,S.: *Test de coordinación motriz 3JS: Cómo valorar y analizar su ejecución.* Editorial FEADEF. Mira. Zaragoza, 2017.

FONSECA, V. da: *Manual de observaçào psicomotora Significaçao psiconeurológica dos factores psicomotores.* Editorial Notícias. Lisboa.

GARCIA NÚÑEZ,J.A.: *Test de habilidades grafomotoras.* Editorial CEPE. Madrid, 1993.

GUTIERREZ,R.: *Estudio sobre el desarrollo del lenguaje oral y la construcción del esquema corporal.* Tésis doctoral, Facultad de Ciencias de la Educación Universidad de Córdoba, 1998.

LACÔTE,M.: CHEVALIER,A.M. MIRANDA,A. BLETON,J.P. STEVENISN,P.: *Valoración de la función muscular normal y patológica*. Editorial Masson. Barcelona, 1984.

LAZARO, A.: *De la emoción de girar al placer de aprender.* Editorial Mira. Zaragoza, 2006.

LAZARO, A.: *Nuevas experiencias en educación psicomotriz.* Editorial Mira. Zaragoza, 2010.

Mc CARTHY,D.: *Escala de aptitudes psicomotrices para niños.* Editorial TEA. Madrid, 1986.

Mc CLENAGHAN,B.A. GALLAHUE,D.L.: *Movimientos fundamentales. Su desarrollo y rehabilitación.* Editorial Panamericana. Buenos Aires, 1985.

NOGUER MOLINS, L. y BALCELLS GORINA, A. *Exploración clínica en la práctica.* Editorial Científico Médica. Barcelona, 1979.

OZERETZKI,N.: *Echelle métrique du dévéloppement de la motricité chez l'enfant et l'adolescent.* Editorial Hygiène Mentale. París, 1936.

PIAGET,J.: *El desarrollo de la noció de tiepo en el niño.* Editorial Fondo de Cultura Económica. México, 19728.

PIAGET,J. INHELDER.B.: *La représéntation de l'espace chez l'enfant.* Editorial Presses Universitaires de France. París, 1972.

PICQ,L. VAYER,P.: *Educación psicomotriz y retraso mental.* Editorial Científico Médica. Madrid, 1985

Ruiz, L. M., Rioja, N., Graupera, J. L., Palomo, M. & García, V. GRAMI-2: *Desarrollo de un test para evaluar la coordinación motriz global en la educación primaria.* Revista Iberoamericana de Psicología del Ejercicio y el Deporte, 10(1), 103-111, 2015.

STAMBAK,M.: *Tono y psicomotricidad.* Editorial Pablo del Rio. Madrid, 1979.

Teixeira, H., Abelairas, C., Arufe, V., Pazos, J.& Barcala, R. *Influence of a physical education plan on psychomotor development profiles of preschool children.* Journal of Human Sport & Exercise. **http://dx.doi:10.14198/jhse.2015.101.11**

TOWEN,B.: *Examen del niño con disfinción encefálica mínima.* Editorial Panamericana. Buenos Aires, 1986.

WALLON,R.: *Importance du movement dans le développement psychologique de l'eenfant.* Editorial Enfantce. París, 1956.

WECHSLER,D.: *Escala de inteligenica para niños revisada.* Editorial TEA. Madrid, 1974.

ZAZZO,R.: *Manuel pour l'examen psychologique de l'enfant.* Editorial Delachaux et Niestlé. París, 1960.

Leandro José Castro Gómez (Sevilla, 1958). Académico Correspondiente de la Real Academia de Medicina y Cirugía de Sevilla. Doctor Cum Laude en Medicina por el Programa de Pediatría de la Universidad de Sevilla por la Tesis *Estudio sobre el desarrollo psicomotor y el aprendizaje*. Diploma de Estado Francés en Psicomotricidad y Mención Especial del Institut Supériuer Européen de Reeducation Psichomotrice de París por el trabajo fin de estudios *Programa de los veinte aros, la practica psicomotriz en el currículum de educación infantil*. Médico Puericultor por la Escuela Nacional de Puericultura. Diplomado de Psicoterapia Dinámica por la Cátedra de Psiquiatría de la Universidad de Sevilla. Médico Escolar de la Junta de Andalucía. Médico del Tribunal de Aptitud y Acceso al Conservatorio de Danza de Sevilla. Coordinador del Equipo Orientación Educativa Sevilla San Pablo Santa Justa. Presidente de la Federación Andaluza Medicina Escolar. Profesor de la Fundación Instituto de Ciencias del Hombre. Asesor de la Fundación Gota de Leche. Miembro del Foro Profesional por la Infancia en Andalucía. Premio Toribio de Velasco al Mejor Trabajo de Investigación sobre Salud Mental Infantil en Andalucía de la Real Academia de Medicina de Sevilla por el *Estudio de la locomoción en 103 preescolares andaluces, relación con la organización perceptiva y con el rendimiento escolar*. Premio a la Mejor Práctica Innovadora de la Consejería de Salud de la Junta de Andalucía con Grupo de Educación y Salud en Asma (CESA) por la investigación *Asma, deporte y salud*. Premio al Merito Educativo de la Delegación de Sevilla de Consejería de Educación con los Médicos de los Equipos de Orientación Educativa de la Junta de Andalucía. Premio Nacional al Mejor Trabajo Científico de Medicina

Escolar en el VIII Encuentro Internacional de Expertos en Salud Escolar de la Asociación Iberoamericana de Medicina y Salud Escolar y Universitaria por *Los problemas de salud en la escuela.* Accésit a la Mejor Comunicación Científica en el IX Congreso Internacional de Salud Universitario por *Escolarización del niño con discapacidad motora.* Accésit al Mejor Trabajo de Investigación en el XI Encuentro Internacional de Expertos en Salud Escolar y Universitaria de la Universidad Complutense de Madrid por la *Regla tres por tres para la administración de medicamentos en centros educativos.* Medalla de Oro de la Asociación Española de Medicina y Salud Escolar y Universitaria por su trayectoria profesional en la defensa de los derechos de los niños y de los adolescentes. Premio al mejor cortometraje andaluz de Canal Sur Televisión, Premio al mejor documental sobre naturaleza y Premio especial del público en el VI Festival de Cine Aéreo de El Yelmo (Jaén) por el documental *El vuelo del ánsar.* Diseño de los juegos psicomotores del programa infantil La Banda de Canal Sur Televisión. Autor de los libros: *Agenda terapéutica,* (cinco ediciones), Editado por la Universidad de Sevilla. *Agenda médica y terapéutica* (catorce ediciones), Editado por Solvay Pharma. *Programa de los 20 aros* (cuatro ediciones) Editado por CEPE. *Sesenta juegos para el desarrollo psicomotor, Grafomotricidad a ritmo de claves y Espacio, tiempo y preescritura,* Editados por los Cetros de Profesorado de la Consejería de Educación de la Junta de Andalucía. *Asma, deporte y salud, y Detrás de la puerta azul* (cuentos sobre la infancia desfavorecida), Editados por la Consejería Salud de la Junta de Andalucía. *Poesía al final del día y Poesía para despertar los sueños,* Editados por Amazon.

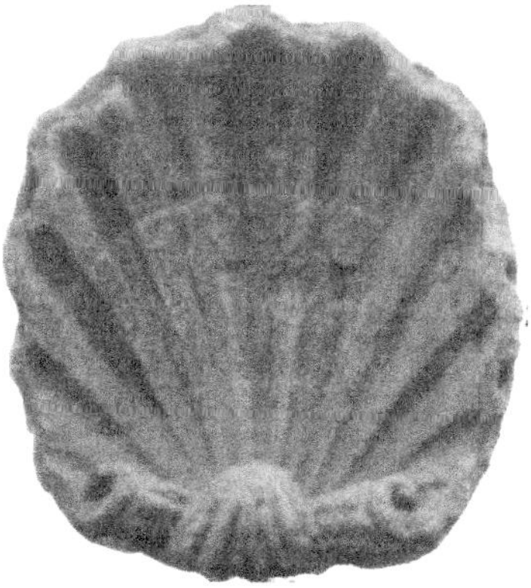

Printed in Great Britain
by Amazon